U0599926

非—遗—文—化

创意与设计

李囡囡 ❖ 著

吉林出版集团股份有限公司
全国百佳图书出版单位

图书在版编目（CIP）数据

非遗文化创意与设计 / 李囡囡著 . -- 长春 : 吉林
出版集团股份有限公司 , 2023.5
　　ISBN 978-7-5731-3571-1

　　Ⅰ . ①非… Ⅱ . ①李… Ⅲ . ①非物质文化遗产—文化
产品—产品设计 Ⅳ . ① G12

中国国家版本馆 CIP 数据核字 (2023) 第 104711 号

非遗文化创意与设计
FEIYI WENHUA CHUANGYI YU SHEJI

著　　者　李囡囡
责任编辑　蔡大东
封面设计　李囡囡
开　　本　710mm×1000mm　　　1/16
字　　数　262 千
印　　张　14
版　　次　2024年1月第1版
印　　次　2024年1月第1次印刷
印　　刷　天津和萱印刷有限公司

出　　版　吉林出版集团股份有限公司
发　　行　吉林出版集团股份有限公司
地　　址　吉林省长春市福祉大路 5788 号
邮　　编　130000
电　　话　0431-81629968
邮　　箱　11915286@qq.com
书　　号　ISBN 978-7-5731-3571-1
定　　价　84.00 元

李囡囡

　　大连工业大学艺术设计学院在职教师，研究方向：视觉传达设计。从教期间先后发表核心、省级等专业论文 20 余篇，主持完成省市级等科研项目多项，结合专业方向申请并完成专利。

　　作品获得包装之星银奖；中国教师作品年鉴铜奖；海报作品参展亚洲女性设计师展览；书籍设计作品入选辽宁艺术作品展。

大连工业大学社科联课题资助项目
项目号：GDSKLYB202333

非物质文化遗产是中华民族悠久历史的见证，彰显了中华民族的想象力和创造力，是民族智慧的集中展现，而且体现了传统美德和民族气质，也是中华民族文化传承从未间断的证明。虽然有的非物质文化遗产不再适应现代社会的整体环境，但是对于新时代的年轻人来说，了解非遗、学习非遗、继承非遗仍然是传承民族文化和学习民族精神的重要方式。此外，非遗也是推动新时代文化发展的重要奠基，为现代文化发展提供了肥沃土壤，是祖先留给子孙后代的文化财富，因此，每一位中华儿女都应该重视非物质文化遗产的传承和发展，并贡献出自己的一份力量。

随着经济的发展，物质生活的富足提升了社会生活水平，由此带来的是消费升级。在这种趋势下，人们更关注消费的品质和品牌调性，消费行为体现出精神消费的特征。在这种情形下，文创思维也深刻地影响了各个行业，特别是日常消费品行业和文化消费行业。非遗本身与社会生活的关系就很密切，涵盖了物质生活和精神生活。

本书共分六章，第一章为非遗与文化创意，分别对非遗的概念、特征、价值、本质、意义、原则，非遗和创意的结合，非遗文化创意的价值进行了分析；第二章为非遗的美学视角解析，主要论述了非遗中的美学问题、非遗中的审美元素、现代美学视角下非遗产业化开发三个方面；第三章为文创理念的兴起，主要对文创理念的内涵、多重视角叠加的文创理念、"文创＋"思维在各领域的拓展几个方面进行了分析；第四章为非遗文创产品的设计与开发，首先介绍了非遗和非遗文创产品的关系与转化，然后对非遗文创产品的现状、设计、开发进行了深入的分析；第五章为非遗与文创产业融合发展，主要从文创视角下的非遗、非遗与文创产业融合发展的问题及建议、非遗与文创产业融合的案例分析、"非遗＋文创"与乡村振兴，数字科技的融合四个方面展开。

在撰写本书的过程中，作者得到了许多专家、学者的帮助和指导，参考了大量的学术文献，同时，大连工业大学老师与同学们为本书提供了丰富的案例，在此表示真诚的感谢。本书内容系统全面，论述条理清晰、深入浅出，但由于作者水平有限，书中难免会有疏漏之处，希望广大同行及时指正。

李囡囡

2022 年 12 月

目录

近年来，非遗文创化的发展很快，已经成为文创产业的重要组成部分。随着我国文化环境和文创产业的发展，我们必须对非遗有正确的认知，才能更好地融合其他文化理念，并根据市场需求打造更好的文化创意产品，进一步挖掘非物质文化遗产文化创意的价值。

第一节　非遗的相关概述

一、非遗的概念

非物质文化遗产这一概念是随着遗产研究的深入发展逐步明确的。一开始，遗产的定义是自然遗产和文化遗产的总和，这一定义获得了联合国教育、科学及文化组织（以下简称"联合国教科文组织"）的认可。几十年来，遗产的定义已经发生了巨大的变化，所包含的范围越来越广。在一些出版年代比较久远的词典中，这一词汇的解释仍为 Property passed from parent，而新出版的书籍却把这个词汇的含义进一步扩大，囊括了整个社会留给后人的产物。文化遗产反映了各国或民族的生活和历史发展状况，各国和各民族根据各自国家历史和特色进行定义或分类。在历史上，产生过诸多与文化遗产有关的名词概念，如"文化遗产""口头文学""传统技艺""民间文化""民俗文化"等。这些概念和非物质文化遗产的概念非常相似，有时候很难区分，所以我们更需要清晰地明确各个词汇的定义，并且了解这些定义和非遗的区别。如果以有形和无形的表现形式来区分，文化遗产则包含物质文化遗产和非物质文化遗产。前者的特征是独一无二且人们可以亲眼看到，自然气候等外界因素的介入可导致其损毁、消失；非物质文化遗产则是活态性的，需要经过人们的发掘、探索、研究才能够被发现，为世人所认知。

关于"非物质文化遗产"一词，在不同国家甚至同一个国家的不同地区、在不同学科背景下，对相同或相近的内容使用不同用语表达，或者使用相同或相近用语表达不同含义。为了术语的使用和精确化，非遗的定义应该更加精确且便于理解。

（一）联合国教科文组织的定义

在联合国教科文组织整理发布的《保护非物质文化遗产公约》一文中，清晰地写出了非物质文化遗产的定义：非物质文化遗产（intangible cultural heritage）是指被群体、团体和个人看作其文化遗产的相关场景、工艺品、物品、工具等，以及各种技能、知识体系、表现形式、表演和实践。随着客观生存环境的变化，各群体和团体与所处环境的关系也会发生改变，所以就算是从未间断传承的非物质文化遗产，也会在这一过程中自然而然地得到创新和发展，这是当地民众智慧和想象力的结合，能够带来一种文化自信。上述公约中确定了"非物质文化遗产"的范围：传统手工艺；关于自然界和宇宙的知识和实践；表演艺术；社会风俗、礼仪、节日；口头传统和表现形式，包括非物质文化遗产形式传承的语言体系。以上均为非物质文化遗产的表现形式，可能单独存在，也可能多种同时存在于某个地区或群体中，共同组成当地的非遗文化体系。

（二）世界知识产权组织的定义

世界知识产权组织的文件中没有直接规定非物质文化遗产，而是将遗传资源、传统知识和传统文化表达三者合并研究。其中的遗传资源是物质形态的资源，与传统文化表达和传统知识的无形资源有显著差异。从世界知识产权组织对传统知识和传统文化表达概念外延的界定上看，传统知识和传统文化表达在内容上有重合，传统文化表达可以包含在传统知识范畴内。2008年9月，在世界知识产权组织知识产权与传统知识、遗传资源和民间文艺政府间委员会（IGC）第13轮会议上，非洲国家提出了《保护传统知识、民俗表达方式和遗传资源的建议》。非洲国家提出，知识产权与传统知识、遗传资源和民间文艺政府间委员会应提出简洁明确而灵活的传统知识概念和传统知识范例，传统知识概念不应只局限在单一的技术方面，而应包括所有的知识体系。世界知识产权组织承认，对于许多原住和传统地区而言，传统文化表达、传统知识和相关遗传资源三者构成了独立的合为一体的遗产。

（三）我国的界定

在《中华人民共和国非物质文化遗产法》中，对于非物质文化遗产的定义也作出进一步明确：非物质文化遗产是指各民族当地人代代传承，并且将其看作本族传统文化遗产的表现形式、物品和文化场所，主要包含以下几种形式：传统体育和游艺，传统美术、书法、音乐、舞蹈、戏剧、曲艺和杂技，传统礼仪、节庆等民俗，传统口头文学以及作为其载体的语言，传统技艺、医药和历法，其他。按照声明，只要属于非物质文化遗产，不论哪种表现形式，都应该遵循以上法律的相关规定。从我国非物质文化遗产法中，我们可以厘清非物质文化遗产与"民俗文化""口头文学""传统技艺""民间文化""民俗文化"这些概念的关系，也就是非物质文化遗产属于文化遗产的一部分，而上述具体表现形式也都是非物质文化遗产体系的组成部分。

学界对于非遗的具体定义和表现形式仍然有一些争议，甚至不同领域的研究人员均有各自的理解。顾军在《非物质文化遗产学学科建设需要回答的几个问题》

中提出了什么是非物质文化遗产的问题，这一问题的提出，目的是帮助我们理解非物质文化遗产的概念。它是这门学问的逻辑起点，一旦在这里出现问题，我们就会像小孩儿给自己系扣子——第一个系错了，接下来将一错到底。只要涉及"遗产"，人们需要做的第一件事就是求真溯源。物质文化遗产是这样，非物质文化遗产同样也是这样。想要进一步明确非物质文化遗产的具体含义，就应该从判断某种文化遗产是否属于非物质文化遗产的方向入手，其中主要包括以下六个要求：

一是必须有代表性的非物质文化遗产项目传承人做支撑。非物质文化遗产的最大特点是活态传承，而活态传承的载体就是传承人。有了传承人才有非物质文化遗产，所以，保护非物质文化遗产的关键是保护好传承人。

二是要有悠久历史。通常时间不足百年者，不能称其为"非物质文化遗产"。

三是应该一直传承至今，传承间断的时间不能过长。非遗应该具有适应现代社会的特点，才能更好地在现代社会继续存活下去。

四是要因循传统传承至今。这是因为非物质文化遗产的最大价值是它的历史认识价值，需要我们尽量将它在历史上所呈现出的内涵传承下来。

五是应在历史、科学、艺术和社会等多方面展现出一定的价值。

六是一些语言体系或者口头流传形式的文化遗产，或者以杂技、舞蹈、戏曲、乐器、书画等形式存在的文化遗产，以及以医药知识、天文历法、民间传说、体育活动、礼仪标准等各种形式流传于世的文化遗产，都可以视为非物质文化遗产。作者也比较倾向于顾军对非物质文化遗产概念的这种观点。

二、非遗特征

（一）群体性

非物质文化遗产一般以民族、社区、群体代代相传的各种文化形式流传，是一个文化共同体中全体成员的创造力产物。从创造到传播，从数代人的加工到在社群内部形成永久记忆，整个过程都与整个群体的作用不可分离。大部分非物质文化遗产都通过以下方式流传：一是文化共同体的成员在生产劳动的过程中一起创作，并由上一代通过语言或记忆传承给下一代。例如，以辽河口"古渔雁"文化为例，至今沿袭的是一种不定居的原始渔猎生计方式，他们创作的故事、渔歌、谚语形成了宝贵的、沉淀深厚的渔雁文化，"古渔雁"故事是以渔业文化为基础的地方民间传说，影响着一代又一代的渔民，彰显民间故事家对传承故事的捕捉能力；二是由某位具有较强创造力的匠人单独创作，然后流传开来，并经过其他人的口头加工和修改，逐渐演变为一定地域的人民互相分享的民俗经典。例如，蒙古族民歌《诺恩吉雅》，据考证，原创者阿拉塔参加奈曼王爷妹妹诺恩吉雅的婚礼，以说书的形式即兴演唱了《诺恩吉雅》。这首歌被广泛传唱，从老哈木伦河一带流传到整个蒙古草原。

（二）活态性

"活态性"指的是非物质文化遗产的旺盛生命力，也就是说，非遗需要具有一定的传承价值。非遗自身的活力正是本民族或者一个群体的人民不断传承和发展的动力，而且在传承的过程中，群体成员也会不断为其增加全新的内容，能够体现出民族文化的变化，承载了当地人民的精神理念。这种生命力才是非遗文化价值的核心，一方面可以让非遗文化随着时代变迁不断创新，吸收更多新的文化元素，另一方面也可以让非遗文化提升自身的适应力。从实际情况上来看，非遗的传承需要群体成员的共同努力，大多都以多种形式进行传承。没有全体成员的认可，非遗的传承就很容易断代。此外，这一生命力也体现在非物质文化遗产在历史洪流中的内容增减和形式变化上，可能会在多种形式中来回改变，也可能会与其他非遗互相融合，打造出全新的文化体系。非遗的传承人在这一过程中显得至关重要，把控着非遗形式和内容的选择权。

（三）传承性

非物质文化遗产基本上都会采用口头传承的方式，依赖于传承人通过表演向群体内的其他成员传播具体内容。如果没有特定的群落、社区、民众继承和发展，非物质文化就可能会很快消失和灭亡，更不会世代相传。在历史流传过程中，虽然有或多或少的变化，但是能够反映特定群体的形式和独特性之处被固定下来，这也就保证了非物质文化遗产表现形式和内部核心文化的稳定。这种继承性也是非物质文化遗产区别于现代文化的重要特点。

（四）多元性

文化多样性是人类共同的遗产，在不同时间段和地域中会展现出多种具体形式，充分体现出人类文明和社会结构的差异化和多样化。文化多元化促进经济发展，是发展的源泉之一。非物质文化遗产包含的内容是多元化的，形式也不尽相同，同一种非物质文化遗产，在不同的生态环境下，又具有它们自己独立发展之后新的特征。

三、非遗的价值

（一）历史价值

从悠久的民族历史中诞生的非物质文化遗产是全人类的共同财富，是对一段历史的总结。因此，在研究非遗的过程中，我们可以进一步了解当地的文明发展进程，比如劳动方式，非常值得进行深入研究。需要格外注意的是，非物质文化遗产往往是通过口述或表演的方式进行传播，所以融合了不同时代的群体生活特征，使现代人能够从中找到更为详尽的历史信息。

（二）精神价值

作为群体代代相传的创造力产物，非物质文化遗产中不仅隐藏着当地人的生产，生活方式，而且隐藏着文化共同体内所有成员的信仰和精神内核，比如价值观、神灵体系和思维逻辑等，是推动一个民族生存和发展的重要元素。由于当前社会的发展，全球化的趋势已经是既成事实，应该引起每个国家的重视。在这样的大环境下，每个国家都应该尽可能地保护非物质文化遗产，确保民族文明的持续传承，而且也可以用这种方式减轻其他文化对本国文化的冲击，让民众更具文化自信，积极主动地保护本民族的非物质文化遗产。包括民族价值观、心理结构、气质和情感，是一个民族的灵魂，是民族文化的精髓和核心。因此，在当今全球化的潜在威胁下，确保民族特色和民族精神的世代传承，是每个民族都无法回避的重要任务。非物质文化遗产作为人类文化传承和保存的生动有效的手段、工具和载体，能够很好地将民族精神等文化信息传递给每一个人、每一代人，从而创造出一个具有独特魅力的伟大民族。

（三）科学价值

由于不同历史时期的生产力、认知、科技和创造力等多方面的差异，因此非物质文化遗产也会展现出较大的差异。不论哪个民族，其文化遗产中都会多多少少有一些神灵崇拜和鬼怪传说，甚至有一些蛮荒时期遗留下来的仪式或生活方式，但是随着人类社会的文明化程度越来越高，只有精华部分才能流传下来。不过，非物质文化遗产中经常难以避免地带有特定时代或地域的风俗、思维逻辑、科学知识、文化禁忌等内容，确实值得后人投入大量的精力进行研究。举例来说，我国的风水文化可以大致分为两部分内容：一部分是追求人与自然的和谐，鼓励身体锻炼和学习哲学道理，另一部分则是对神灵鬼怪的崇拜和敬畏，必须被抛弃。

此外，某些非物质文化遗产本身就是本民族科学研究成果的总结。比如，我国的传统历法，可以对农业、渔业、畜牧业进行指导说明，代表了当时人们的科学水平，甚至可以为现代人的生活和生产提供较高的参考价值。

（四）艺术价值

非物质文化遗产中包含着很多高超的艺术表现手法，以多种不同艺术形式展现了民族文明的精神内核，能够唤起人们内心深处的情感，也可以在一定程度上展现出当地的社会结构和发展模式。从一些非遗作品中，人们可以清晰地看到一些历史上的事件和当地人的日常生活，而且还可以对当地的艺术水平和特征有一定的了解。比如，首饰、服装、漆器、雕刻、书画作品等。此外，非物质文化遗产中有不少经典故事和人物形象，可以作为新时代艺术创作的基础，或者提供灵感。至今为止，不少优秀的文学、舞蹈、绘画、影视作品都是根据民俗故事或神话传说进行改编，深受学界和观众的认可。

四、非遗保护的本质、意义和原则

（一）本质

考虑到非物质文化遗产具有多元化的特点，需要针对不同类型的文化遗产设计不同的保护方式。这里所说的"保护"其实有多重含义。"保护"一词的含义是确保目标继续维持原有的生态环境。从本质上看，这一词汇也包含着"养"的意思，也就是确保目标对象保持鲜活的生命力，能够随着客观环境的变化继续创新。严格来说，后者才是保护非物质文化遗产时应该遵循的原则。如果非物质文化遗产不能继续吸收养分，那么彻底被时代抛弃也只是时间问题。关于这个问题，联合国教科文组织曾对此有过严肃讨论，并将能够可持续发展作为必要的判断标准，可见这一特性的重要程度。因此，我国相关人员在保护非物质文化遗产的时候，也应该高度重视这个问题，不能将"保护"和"保存"混淆，而是应该想办法让那些面临传承断代危机的文化遗产重新获得新的生命力，以其他形式继续存活下去，而不是仅仅维持原样。想要研究如何保护非物质文化遗产，我们可以从以下两种方式中做选择：一种方式是将保护对象看作是一种静态的物品，只需要简单地保存起来，而另一种方式是将保护对象看作是有生命的活物，将注意力放在为其提供继续生长的营养上，使其自己恢复生机。联合国教科文组织选择了后者，而且发布了《非物质文化遗产保护公约》，进一步解释了保护非物质遗产的含义，即提供保存、研究、开发、传承、宣传等多方面的支持，让文化遗产能够随着新时代的脚步继续前进。这才是对非物质文化遗产更加负责的做法。

（二）意义

我国历史悠久，拥有丰富多彩的非物质文化遗产。不仅有绘画、歌曲、舞蹈、礼仪和民间传说等，还包括皮影、剪纸、雕刻等工艺，这些组成了我国庞大的文化体系。随着全球化的进程不断加快，民族文化遗产也受到了来自其他国家文化的冲击。一些需要口述和动作模仿才能传承的特殊非物质文化遗产已经走到了消亡的边缘，一些非物质文化遗产传承人正逐渐离开人世，我国非物质文化遗产正面临着历史上前所未有的急剧变迁。强化非物质文化遗产的保护迫在眉睫、刻不容缓。

人类社会的发展历程和经验教训告诉世人，民族强大的根基是由物质和精神两个方面组成的，不能放弃任何一方。如果只是注重物质世界的建设，而忽视了精神世界，不管物质多么丰富，也很难真正实现整个社会的现代化。为了确保精神世界也能获得长足发展，应该将传统与现代相结合，并结合本国的发展实际，寻求适合本民族的创新模式，推动文化建设。一个中断了历史记忆、丢失了历史记忆的民族不会有辉煌美好的未来。抢救与保护非物质文化遗产是一项艰巨、复杂而又十分紧迫的工作。所以说，抢救非物质文化遗产已经成为重中之重，容不得一点拖延。

在对待非物质文化遗产的态度上，应唤醒全体成员的保护意识，让民众认识到非物质文化遗产和物质文化遗产一样，都是祖先留给我们的珍贵遗产。非物质文化遗产保护工作就是要通过全社会的努力，让一些面临断代危机的非物质文化遗产能够优先得到关注，并建立科学合理的运作体系。借助保护、传承、开发等多种手段，厘清保护和开发的重点，科学地确认、尊重、弘扬非物质文化遗产。通过非物质文化遗产的保护与传播工作，让大家重新我国民族的文化，把民族的传统得以延续。

除了合理开发外，保护非物质文化遗产还需要考虑到世界和民族的关系，一方面需要从国家的角度进行思考，让非遗成为我国现代化建设的重要推动力量，实现传统文化振兴，而另一方面需要从国际视角进行观察，让非遗成为我国与其他国家进行文化交流的窗口，为全球文化多样性贡献一份力量，并起到维护全球局势稳定的作用。近年来，保护非遗的活动越来越多，正是因为更多人看到了文化发展对整个社会环境的积极影响。文明的进程必然会反过来推动整个社会的进步，而这正是全人类需要重视和解决的重大问题。

从另一个角度来看，保护非遗不仅能够保护全球文化多元化、提升整个社会的发展水平、加快人类文明的进程，而且还能推动不同国家之间的合作，进一步确保国际局势的和平，最终实现全球和谐相处的目标。虽然当今世界仍然有不少摩擦和冲突，但是各国的文化均有一定程度的相似性，让各国人民认同人类命运共同体的观念，减少不必要的矛盾。

保护非遗有利于从历史中吸取经验，为应对人类文明的未来发展可能会面临的问题提前做好准备。目前，所有国家都在直面全球化对本国的冲击，并且需要处理好本国现代化进程中的问题。这种情况下，我们应该尽可能地从目前拥有的资源条件中挖掘可利用的部分，其中就包括研究非物质文化遗产中蕴含的民族精神和道德观念，从中汲取力量，将其作为迈向新时代的基石，积极应对当前的危机，就像隶属于联合国教科文组织且负责亚太地区文化遗产事务的理查德·恩高霍特专员所说的那样，人类应该从先祖流传下来的经验总结中找寻有用的部分，勇敢迈入全新的发展阶段，迎接机遇和挑战。

想要在新的发展阶段继承本民族的传统文化，保护非遗是一项非常重要的任务。当前，全世界都在鼓励文化多样化和文化创新。不管是哪个国家的文明，都经过了漫长岁月的历练，都应该作为人类文明的重要部分继续流传下去。从非物质文化遗产的传承过程中，我们可以学到一些经验，更好地保护本民族的文化，并实现可持续发展，让民族文化也能适应现代社会环境。保护和利用好非物质文化遗产，对于继承和发扬民族优秀文化传统、增进民族团结和维护国家统一、增强民族自信心和凝聚力、保护民族的文化、提升民族价值、促进社会主义精神文明建设都具有重要而深远的意义：一方面能够让其他国家了解我国文化的内核，改变某些国家对旧中国的刻板印象；另一方面也可以让身处海外的华人群体提高对自身的认同感，增强与国人的情感联结。

（二）原则

1. 本真性保护

20 世纪 60 年代，"本真性"的概念首次在非物质文化遗产领域收获了全新的意义，而后又在实践中不断修正。这一概念的含义是：坚持对非物质文化遗产原有承载物的保护，尤其是历史年限较长的文物，不管是工艺品还是书籍记录，都要原原本本地被保存下来，以免后续出现大规模的伪造行为。

2. 整体性保护

文化是作为文化体系中的一部分存在的，其不可能单独存在，所以在保护非遗的过程中，需要进行大量的考证，将整个文化体系的内容一起保留下来，比如诞生之初的时代背景和其中的隐藏含义等。正是因为文化本身所具有的复杂性，保护非遗也需要从多个角度入手，让非遗以一种完整的面貌继续流传下去。如果发现某种非遗较为完整，且文化价值较高，可以建设文化生态保护区，优化其所处的客观环境，才能更好地传承非遗。

3. 科学性保护

作为一种生命力旺盛的文化形式，非物质文化遗产仍然有吸收新文化的潜力，能够适应商业化运作模式。在这一过程中，我们要确保科学地利用，让非物质文化遗产在保留原貌的基础上，为文化创意产业的发展提供更大的助力。

4. 濒危遗产优先保护

我国地大物博、历史悠久，一些非物质文化遗产随着时代的飞速前进，已经处于被彻底抛弃的边缘，急需相关人员进行保护。但是，国内的非遗数量较多，给保护工作造成了不小的难度，只能分出先后次序。在实际过程中，一定要优先保护濒临消亡的文化遗产，以免造成不可逆的损失，而且绝不能以完全牺牲当地自然和社会环境作为代价。

五、非遗保护与文化开发

（一）非遗的文化属性

1. 民族文化具有传承性

非遗涵盖了优秀的民族文化，是民族文化记忆。非物质文化遗产是对特定群体的文明成果的具象化表现，可以从中看到一个民族的发展历史和思维模式。非物质文化遗产是文化特色的一种集中体现，而且随着时代的进步，新的文化不断被创造出来，与以往的传统文化互相融合，形成了更适应当前发展阶段的全新文化体系。不同民族有不同的文化，也有不同的生存环境，并形成了不同的集体价值观，而且全球文化还将继续向着多元化的方向继续前进。经过漫长的岁月，不同民族的非物质文化遗产互相碰撞和交流，也实现了一定程度的融合，所以就算是不同民族，也可能会创造出相似的文化，可见文化本身具有较强的包容性。保持多元化的局面，不仅对于未来发展有着深远的意义，而且也是保护非遗的重要目的之一。我国非遗汇聚传统文化精髓，涵盖经史子集等高级文化形态，亦涵盖口头传统等文化形态，是中国特色社会主义文化的内涵之一。非遗的多样功能决定其具有历史、文化、精神、科学、审美、和谐、教育和经济等多方面价值，价值累积形成文脉，以非遗文化形态呈现。中国智慧是文化自信的基石，文化自信不是抽象的精神状态，与以往的文化积淀有关，与当下的文化相连，更与未来的文化发展互牵。非遗文化集民族的文化基因和思维密码于一体，经史子集以系统性、知识性、集中性表达思想智慧，表演艺术和手工绝活通过技艺的形式表达出具体、准确、直观的民间智慧。在新的起点上中国非遗要主动有所作为并担负起时代赋予的文化使命，成为民族文化记忆。我们谈文化开发，在开发的对象之中就有众多的非遗项目。

2. 非遗与社会经济生活紧密相关

传统文化静水流深，隐于日常。很多非遗依然作用于我们的社会经济生活中，百姓日用而不觉。尽管数千年间，自然环境和社会形态都发生了较大的变化，但是大量的非物质文化仍然流传了下来，可以看出华夏民族的文化内核非常稳定。非物质文化遗产是通过代代传承的方式留存于世，并在这一过程中不断演变、整合、创新，逐渐形成了比较完整的文化体系，包括舞蹈、书画、戏曲、民俗等多条支线，共同组成了其中最具魅力的核心。在传承保护、体制机制、公益事业、创意产业等层面的非遗门类中，民俗是最具基础性、内在性的文化。舞蹈经典名作多从神话故事中取材；音乐创作亦难离民间音乐的旋律；杂技、书法、曲艺等门类直接源自民间；文学、摄影、影视、美术、戏剧更是依然与我们当下的民俗生活息息相关。非遗传承人以身心的文化创造，形成独特的文化视角，创造出不同凡响的文化遗存，持续地为当代社会提供具有感召力、开拓性、引领性和标志性和示范性的成果，以满足人们对美好生活的需要。所以保护和发扬非遗，也是在丰富当下的社会经济生活。

3. 非遗产品具有投资收藏价值

在非物质文化遗产的数量上，中国远远领先于其他国家。截至目前，中国的 29 项非物质文化遗产被选进"人类口述和非物质遗产代表作名录"。2006 年，在我国发布的国家级非物质文化遗产名单中，仅传统技艺就有 89 项之多，却仅占总数的 15%，由此可见国家对于非物质文化遗产的重视程度，而且也体现出了传统手工技艺的潜在商业价值。在工艺品/艺术品市场中，我们不难发现非遗的踪影。实际上，非遗是工艺品/艺术品市场的一大类别，具有极大的市场经济价值和历史文化艺术价值。非遗名录所包含内容较广，其中有一部分受到收藏家们的青睐，比如宜兴紫砂、龙泉青瓷、木版水印、玉雕、核雕、漆雕、苏扇、巧生炉等。竹刻、刺绣、玉雕、剪纸等属于传统美术类，而木版水印、制瓷、织锦则属于传统技艺类。比如具有宗教含义与审美内涵的唐卡，是比较典型的非遗艺术品，目前在工艺美术品市场上，价值不菲。

非遗工艺美术品的纯手工制作特性，工艺流程复杂，其创作周期很长，所以每年能够完成的作品数量比较少，而且手工作品是独一无二的，每一件都有不同之处。鲜有炒作，市场价格也比较合理，深受收藏者的青睐。这些特征体现出非遗工艺美术品的投资与收藏价值。因此对非遗工艺的保护、传承和开发，实际上也是对文化事业发展的有力推动。

（二）文化开发的需求

1. 文化开发的特征

（1）产品：文化产品与精神消费品

文化开发成果是文化产品和精神消费品，以满足社会精神消费的需求。由于社会结构的改变和人们生活水平的提升，文娱产品的市场需求也在不断增加，人们的精神文化需求呈现出多层次、多形式，多样化的特点，成为人民日益增长的美好生活需要的重要组成部分。在这样的市场需求的推动下，文化开发显得十分紧迫。近年来，我国高度重视文化产业的发展。同时，文化开发不仅仅是一个行动，还需要呈现出一定数量和质量的、具体的文化产品来满足人民精神层次的消费需求。

（2）产品特征：内容及形式的美感以及体验性

从产品呈现来看，文化产品具备内容上和形式上的文化艺术内涵和美感特征，具备参与体验性的特征。文化产品只有具备了体验性的特征，才谈得上拥有产业价值和经济价值。文化开发，就是从内容和形式上去拓展，把某种精神内核、审美情趣融入具体的艺术实体，以视觉、听觉、触觉、情绪等多种形式与消费者建立起情感连接、精神连接以及审美体验，让消费者获得体验并为之付费。获得市场良好回馈的文化开发才是有价值、接地气的。这就注定了文化开发是以客户体验为导向的文化创造活动。所以，文化开发要"以人为本""以美为本"。鉴于此，文化开发如要成功，就要植根大众。非遗作为我们的文化根源的一部分，既然能传承到今天，说明其精神内核是受大众认同的。这种认同感也就是我们的文化开发的立足之基。从这个角度看，文化开发与非遗密不可分。

2. 非遗满足文化开发的需求

不论从内容、形式还是参与体验等方面，非遗都能为现代文化开发提供充足的素材。我们不能将非遗素材以内容、形式进行截然区分，因为在非遗里，大多数项目都是内容与形式的融合，是复合体，比如音乐舞蹈曲艺等项目，以曲调、舞美等美的形式承载了内容。如传统节庆等，则是全面的融合。从开发角度而言，在非遗与文化旅游类项目结合的开发中，也体现了从内容到形式再到参与体验等多方面融合的特征。

（1）内容上的满足

文创需要IP（知识产权）"非遗"拥有大量的IP。或者我们将视野扩大，"非遗"本身就是一个庞大的IP。这个庞大的IP包含了民间文学、传统音乐、舞蹈、传统戏剧与曲艺等十大类别，涵盖了语言艺术、视觉艺术、听觉艺术、空间艺术等各个艺术门类，能为各个门类的现代文化开发提供内容，如民间文学能为现代动漫影视开发、衍生品开发提供故事、人物形象等元素。从更大的角度来看，以非遗为主题的景区、园区，充分地运用了非遗的内容。

（2）形式上的满足

非遗存在大量的设计、图案、纹样、造型、技艺，能为文化开发提供大量的设计，满足形式的美感。特别是传统技艺类、传统音乐、戏曲类，可以从视觉的美感、声音的美感、舞蹈的美感等方面给现代艺术家们提供灵感来源。非遗项目中有大量的艺术形式，可以满足时间艺术、空间艺术、直接艺术、间接艺术的需求。非遗丰富多彩的形式，与现代生产、生活及艺术都可以进行具体的对接，可以实现跨项目、跨样式、跨文化之间的碰撞和嫁接，呈现新颖而深刻的样式。在这方面，非遗是文化开发的巨大资料库，其潜力不容忽视。如椰雕非遗传承人吴名驹尝试把传统手工艺与现代科技产品嫁接，设计出可以通过蓝牙、Wi-Fi连接移动设备的椰雕音箱。现在，吴名驹团队主打以椰雕为核心的创意商品生产，比如椰雕蜡烛、椰雕茶叶罐等，让原本只供欣赏的传统椰雕与现实生活产生了更多链接。

（3）文化艺术参与性与体验感上的满足

非遗能提供文化艺术体验，易于让人参与及体验，如表演艺术、节庆类非遗，传统技艺里建筑类非遗等。例如由白先勇操刀的青春版昆曲《牡丹亭》，便将被大众遗忘多时的传统表演艺术重新搬上舞台，借助新时代的表演形式和新科技全方位地展现传统戏曲艺术的魅力，让新生代演员与新一代年轻人互动和交流，经常在各大高校进行表演，不但赋予了古老艺术形式新的生命力，让年轻一代体验到了传统戏剧的魅力，同时培养了未来的观演群体，为这项非遗的传承发扬奠定了群众基础。从2004年起，青春版昆曲《牡丹亭》已经上演近300场，堪称成功典范。随着旅游成为大众幸福生活的必需品，人们出游显然已经不再满足于看山看水，而是要感受目的地不同形式的文化与风俗，体验当地居民不一样的生活方式，"非遗＋旅游"成为热门的出游方式之一。四川成都就有特色非遗小镇近年通过非遗体验，成为备受游客青睐的网红打卡地，吸引着本地市民和全国各地的游客纷至沓来。如崇州市道明镇竹艺村的竹艺，郫都区安德镇郫县豆瓣制作工艺以及松原市查干湖冬捕渔猎技艺成为不少游客慕名而来的理由。

（三）非遗文创是国家文化战略的手段

1. 民族文化的对外传播与影响

非遗是优秀的民族文化。民族文化的对外影响是国家文化战略的体现。非物质文化遗产作为一种民族文化，既是民族的个性传统，也是全人类的共同财富。非遗的保护及传承，是我国政治、经济及精神文明建设强而有力的文化保障，同时它关乎我国民族文化的对外传播和发扬。而要真正把非遗的文化价值和意义发挥出来，就需要把非遗和文创产业结合起来。

对于联合国教科文组织的相关工作，我国一向积极参与，并且非常鼓励国内相关领域的专家指导实地工作，有利于国际公约的落实，积极开展双边文化合作，在国际舞台上树立了中国负责任文化大国形象。我国精选的一批具有代表性的演展项目参加由联合国教科文组织在巴黎总部主办的文化多样性艺术节，产生了十分轰动的效果。在国际舞台上展示我国传统文化的魅力，可以让更多国家感受到华夏文明的独特内涵和魅力。这不仅巩固和提升了中国在国际上的话语权和影响力，推动国内非物质文化遗产保护工作的进程，实现这一模式的可持续健康发展，而且还可以借助文化产业带动其他产业的发展，获得更大的经济回报。然而，如果能够把政府保护和文创产业的发展结合起来，非遗必将获得市场动力，变得鲜活起来。例如有学者提倡把非遗做成纪录片，便是非遗与文创产业的结合后获得鲜活生命力的例子。

2. 促进国际文化交流

非遗是民族文化、智慧与民族精神的结晶，承载了一个民族共同的文化故事、文化信仰与文化习惯。虽然从国际关系而言，国与国之间划分了疆界，但疆界割裂不了民族的文化故事和信仰。比如，我国与蒙古国、哈萨克斯坦、塔吉克斯坦等国家存在疆界，但我国也有蒙古族、哈萨克族、塔吉克族等民族，这些民族的习俗也与周边国家相同或类似，国家之间的疆界并未将民族文化割裂。在这种背景下，非物质文化遗产成为国与国之间文化交流的重要载体。

我们应该推动国内相关产业的不断深化，并积极发挥政府的带头作用，鼓励相关企业发展，逐步形成健康的文化产业链，让非遗融入文创产业，实现有效的对外传播与交流。同时在对外交流互鉴中寻求提升，让各国感受丰富悠久的中国优秀传统文化，认识中国传统非物质文化遗产。不管是我国政府，还是非物质文化遗产传承人，积极推广保护工作都可以带来不错的收益。从另一个角度来看，非物质文化遗产能够体现我国民族文化核心和民族气质，可以让其他国家更加了解华夏文明的源远流长，而且也有助于我国在世界舞台上获得更多话语权，避免迷失在全球化的洪流中。

（四）非遗保护与文化开发的关系

1. 导向的异同

（1）导向的差异

二者导向的最大差异在于：市场化主体的文化开发主要是以商业化为导向，以经济效益为主。在经济效益导向的驱动下，存在着对文化的藏取、重构、过度开发等现象。而非遗主要是文化保护导向，目前其重要推动力来源于政府。主要目的在于对传统非遗技艺的保护，对文化多样性的保护。因此，二者的导向是存在较大差异的，二者结合开发，需取得一种平衡。因此学界提出了非遗的"生产性保护"，即利用市场经济的手段，在保留非遗核心技艺的前提下，对传统非遗技艺进行市场化的开发，与其他产业融合，提供满足现代消费需求的产品及服务，以经济效益反哺非遗，实现非遗的传承与发展。

（2）共同点

非遗保护与文化开发都为社会提供文化消费品、精神消费品，二者在一定程度上承载了文化消费与服务功能，都有利于文化多样化、多元化的保护与发展。其提供的产品/服务都具备文化消费品的共性，即具备休闲娱乐、审美及教育功能。

2. 开发性创新

在实际工作中，保护非物质文化遗产不仅需要专业人士进行研究、归档和保存，而且需要管理人员合理开发其商业价值。这两者可能会造成一些矛盾。按照《中华人民共和国非物质文化遗产法》的相关规定，非遗的保护工作必须将抢救放在首位，也是为了避免保护工作中出现无法挽回的损失。通过参考其他产业可以发现，只要是明确需要专业人士进行"保护"的文化，很难真正转变为一种产业。不管是创作作品，还是开拓市场，或是打造一个新型产业，都需要将现有的文化资源尽可能地融入商业模式中，甚至需要进行大幅度的改编，而这恰恰与非遗保护工作的最终目的背道而驰，所以非遗保护不可能直接发展成一个单独的产业。此外，非物质文化遗产带有独一无二的特征，而且通常是在一代又一代的传承人之间传授，只有下一代传承人进行长期地学习，才能全部掌握。就算作品可以买卖，但是技艺却从始至终都掌握在传承人的手中，而且作品创作周期普遍很长，更无法像普通商品一样实现量产，所以不能直接投入市场。

虽然说非遗的作品可以进入市场，但是非遗作为一种独特的技艺，并不能直接贩卖，就像酒水可以贩卖，但是酿酒技术不能被夺走。可以说，非遗是一种技能、知识、实践和观念，而由此创作出的作品并不能算作有生命力的文化遗产，并不能展现出非遗的精神内核。为了真正实现非物质文化遗产的市场化，必须结合市场运作模式，深入开发各项技艺中隐藏的商业价值，而且还要在市场化的过程中做好保护工作，确保非遗能够适应市场，实现可持续发展。所以，相关部门应该带头支持非遗产品投入市场，让专业的营销人员或机构承担具体的营销工作，实现经济效益最大化。此外，文化产业的企事业单位应该重视相关工作，培养创新型人才，将非遗和不同文化形式融合起来，打造更多引人注目的全新产品，并根据市场的反馈不断修改产品设计、材质、色彩等，达到让消费者满意的程度。随着文化产业的发展，越来越多的企业开始投身文化产业，积极参与到非遗产品的生产和销售过程中，而且为非遗产品的整体设计提供了不少意见，有利于拓展市场。一些企业不仅参与到商业开发和生产的过程中，而且还单独成立工作室，将非物质文化遗产和相关作品进行数据化保存，甚至为传承人提供经济援助，为后续的商业开发打下坚实的基础。这些做法都有利于非遗产品的商业化运作，是值得鼓励的行为，而相关部门也应该对从事非遗保护工作的企业提供政策上的帮助。

非物质文化遗产资源能够作为文化创意产业的灵感来源，也可以借助文化产业实现创新和传播。其中比较重要的一点是：非遗保护和商业化营销的目的完全不一样，而且其中的环节也不一样。如果把非遗看作是简单的商品，也就丢掉了最重要的部分——文化内核。当相关人员开展保护工作，不仅保留和传承工艺和制作手法，还包含了这一技艺背后隐藏的深刻含义。因此，就算一些企业使用现代技术完美复刻了非物质文化遗产的技艺，或者将其创作元素融入了普通商品，都只是掌握了制作手法。这种量产的做法未能将其中蕴含的情感和精神气质融入产品中，所以并不属于保护工作的一部分。

想要做好保护工作，首先要警惕完全被市场裹挟的做法，以免非遗元素和技艺的滥用造成传承的中断，其次要厘清保护工作和文化产业的关系，不能将二者混淆，更不能用商业化代替保护工作。同时，保护工作一定要细致且全面，尤其要优先保护处于消亡边缘的非物质文化遗产，才能确保非遗保护活动始终走在正确的道路上。一旦将保护和创新混淆在一起，甚至将非遗产品当作非遗本身，那么完全是无用功，而且还会加速非物质文化遗产地消亡，让后人再也没有机会亲眼见到部分民族文化遗产。

六、非遗文创开发路径与手段

（一）路径与手段概述

文化创意产业离不开各类文化资源。我国流传下来的文化资源非常丰富，是现代文化产业的肥沃土壤，也是实现长远发展的坚实基础。非物质文化遗产作为我国文化体系的重要组成部分，当然也为这一产业的发展提供了前进的动力。反过来说，文化产业的兴盛也有利于非物质文化遗产的传承，而且为非遗融入现代社会和进行商业化运作提供了可能。从这个角度来看，深入开发非遗的文化内核，并将其作为文化产业发展的灵感来源，能够增强我国文化产业的整体实力，使其在激烈的国际竞争中赢得一席之地，并获得全新的生命力。

非遗涵盖了 10 个大类，不同类别的非遗项目，在文创开发上具有较大的差异性。自非遗概念提出至今已有多年历史，非遗的文创开发在发展过程与开发实践中呈现出直接开发、产业化开发、衍生品开发、跨界开发、授权开发等多种模式。这几种开发模式在大多数情况下是相互融合的。

（二）开发模式

1. 直接开发

直接开发是指继续沿用原有传统的非遗技艺，其核心工艺、工序、产品呈现等未发生太大的改变。这种开发是外围的，主要表现在如下方面：

（1）以现代工具、工艺替换非遗项目中非核心的项目技艺、工序

这种开发方式最关键在于非遗的核心技艺、工序未被现代工具和工艺替换。

比如糖画技艺中用电炉代替传统炭灶熬糖、在传统音乐曲艺舞蹈表演时以音响设备扩大声音的传播范围、以现代灯光效果舞美技术等提升表演的美感，这有效地提升了产品的生产效率，提升了产品的效能，增强了产品的表现力。非遗项目的核心技艺及工序被替换后，则不再是非遗产品，而是非遗衍生品。因为存在产品可复制、非手工生产的特性，如各种刺绣项目，若用机器替代了核心的手工刺绣环节，则失去了非遗手工刺绣本身的艺术性。

（2）运用现代商业思维及手段做好传统非遗产品的营销工作

现代商业社会为非遗产品提供了完善的与市场连接的机会及途径。传统非遗产品通过互联网电子商务，符合当下审美的包装、品牌策略等手段，与现代消费市场发生连接。传统非遗产品的生产成本远高于现代工业生产的成本，且产品本身具有较高的品质及文化内涵，因此为了实现利润，需要品牌策略实现溢价，以覆盖较高的生产成本。而非遗的文化内涵，能为品牌提供支撑。

2. 产业化开发

一些产业化程度高的项目，在"非遗"概念提出前就已经得到较好的发展。比如，茅台、五粮液等各种白酒类非遗项目，其产业化程度非常高，建立了完善的产业链，且有巨大的品牌价值与影响力。部分食品技艺类项目也往工业化、产业化发展，如四川的黄老五花生酥、保宁醋等。

与旅游产业结合的非遗文创凸显产业化开发的特点。如苏州的苏绣小镇、四川的绵竹年画村以及涌现出的各种非遗小镇等，都是以非遗作为旅游景区的文化核心和号召性资源，围绕该核心进行全面的景点布局、旅游体验服务与旅游业开发，从而形成了非遗主题的旅游景区。

3. 非遗衍生品开发

前面提到非遗文创的直接开发，从产品本身而言是保留其核心技艺与工艺流程的开发手段。非遗的衍生品开发则是利用部分非遗技艺，或者以现代工艺替代核心工艺、手工工序等，有效地降低了产品的生产成本，提高了生产效率。同时，利用非遗中的设计、纹样、图案、故事等元素，与现代生活结合，开发符合现代审美及生活需求的文创衍生品，更有创意和文化内涵。

第二节　非遗和创意的结合

非遗和创意的结合是各取所需。非遗可以借助创意产业的技术和市场，而创意产业需要非遗的文化输入。非遗的创意价值是指在文化、技术和产业三方面的价值，非遗的创意发展也要在这三方面进行发展。当然，这种发展很有可能是不均衡、不全面的发展，也不能要求均衡和全面的发展。

一、文化、技术和产业的结合

文化创意产业是使用现代科技对文化内容重新诠释的产业，更适合直接面向全球市场进行产出。如果只是将目光放在国内市场上，创意产业的经济效益和商业模式就会受到较大的束缚，难以发挥出真正的实力。如果美国好莱坞大片只限于国内销售，就绝不可能有如此巨大的经济效益。创意产业从诞生之日起，它的市场就只能是全球性的。

我们要借助创意产业的技术和市场，引进传统文化遗产，培育市场信心，让具有中国作风、中国做派的创意产品占领国内市场，在此基础上开拓国际市场。要实现这个目标，我们任重道远。

二、非遗与文化创意结合的必然性

围绕非物质文化遗产保护和文化创意而展开的讨论是当前的热门话题，非物质文化遗产保护与文化创意进行结合并不是一件简单的事情，需要进行全方位的系统性讨论。从本质上看，非物质文化遗产保护的核心是传统，而文化创意产业的重点是创新。传统和创新代表两大话题的核心。传统和创新又是相辅相成的，两者结合在一起实际上就是对传统的继承与创新。如何将传统的东西拿来为现代社会服务，要将非物质文化遗产与文化创意进行有效地结合，非物质文化遗产保护与文化创意相结合具有重要的意义，一方面它可以保护中华民族的优秀文化遗产，赋予这些遗产时代性与创新性，造福当前的社会发展与人民大众；另一方面，可以使非物质文化遗产中的积极因素融入现代文化创意产业中，将其精神内核融入当前经济发展模式当中，实现了现代智力生产与精神生产的双重功能，也凸显了现代文化创意产业的特点。

文化创意从开始到产业化模式的形成，一般会经历以下五个阶段：文化创意的灵感来源阶段、具体规划阶段、物化阶段、市场效应阶段、循环模式阶段。文化创意产业最初形成的灵感来源离不开本民族的文化遗产，其中就包括非物质文化遗产。通常一个项目的决策者在制定最初的规划当中也不可避免地受到自己原始的传统文化和思维方式的影响，在文化创意产业由内化的思路到现实的构建当中，非物质文化的原生态性、本真性一直贯穿在产业化的各个阶段，所以在构建非物质文化遗产创意产业时，都要将非物质文化遗产的历史形态以及原有的想象力充分地再现，使非物质文化遗产的精神内核具有了现代生命力，为非物质文化遗产创意产业的规模发展提供了可能。

想要对非物质文化遗产进行保护，仅仅停留在保护层面并不可取，而且这种保护是有一定限度的。应在保护中加入创新元素，运用创意产业的模式进行结合与发展就可以使非物质文化遗产保护的范围扩大，并且赋予其强大的生命力，成为延续人类文化遗产的重要途径。文化创意产业可以使非物质文化遗产在继承过去的基础上再创造，符合当代人的审美需求，并通过市场化、产业化的经营与整合来满足当代人的审美与精神需求。这种由历史文化所带来的产业结构以及模式的形成使非物质文化遗产与创意产业联系成为一个有机的整体，并以当代多样性、丰富性的形式再现了我们民族优秀的传统文化，成为具有现代性的可感可触的文化新景观。

在当代经济信息化、经济全球化的条件下，各个产业的资源相互配置与合理利用，使得资金之间相互融通的趋势越来越明显。文化产业作为后工业时代兴起的一个新兴产业，适应了信息化时代的发展。目前在社会产业中占有越来越重要的地位，文化创意产业不同于农业、工业，它更多的是区别于物质性的生产，而是精神性产品的生产，当代的社会生产力与经济水平不断发展，人们的休闲意识与消费意识逐渐占据了主要地位，一些精神上的衍生产品成为满足人们基本生活之外的精神追求的产品。文化创意产业正是迎合了人们娱乐和调节心理需求而产生的一种新型文化产业，在当代的产业结构模式中的比例越来越大，所产生的经济效益也越来越可观。许多一线城市或中心城市都在大力地发展文化创意产业，使得文化创意产业成为城市的一道风景线。这些城市通过发展文化创意产业来盘活当地的经济发展，改变经济发展模式。

非物质文化遗产与创意产业之间是传承中创造、创造中传承的积极互动的关系。两大主题在民族语言习得过程中同等重要，缺一不可。任何历史上的文化繁荣时期都是在传统的创新中引进新的元素进行发展，所以呈现出繁荣的局面。适应新的时空的文化创意产品，不仅是当时的社会历史、政治、经济、文化、心理等方面的集中反映，也必然在延续着一个民族的精神血脉。

三、非遗文化创意的内容建设

（一）民间文学

1. 民间文学的基本特征

民间文学是五四运动和新文化运动后出现和流行的学术名词，指的是"民众在生活文化和生活世界里传承、传播、共享的口头传统和语言艺术"。古代孕育着丰富的、大量的民间文学，其中包括了神话、故事、传奇等，体现的是古人鲜活的创造力与民众的智慧。并且由于地域、民族的差异，具有各自独特的特点，集中反映了该地域民族的精神内核。民间文学中的一部分归入了非物质文化遗产目录中，民间文学中的神话、史诗、传说、故事、歌谣等属于非物质文化遗产的范畴，民间文学的取材很广泛，一般与大众生活相关的题材都可成为民间文学的素材；在表现形式上丰富、多样，其思想内容具有朴实、真挚的特点，代表着中华民族的精神内核。人们发挥主观能动性，创造这些非物质文化遗产，通过这些非物质文化遗产可以使大众获得一定的审美体验，缓解了平时的劳作辛苦。而一代代的继承与发展，又使得非物质文化遗产不断地发展与创新。

（1）口头性

口头性特点是民间文学的外部特征，也是最显著的特征，主要有三个方面：口头创作、口头流传、口头保存。所以民间文学具有口耳相传的特点。民间文学口头性形成的主要原因：首先，在漫长的封建社会里，广大民众受教育的程度较低，有相当一部分劳动人民是不识字的，所以只能通过口头创作来表达自己的内心情感；其次，民间文学在大众中得到广泛的传播，是因为它的创作与表演本身就是民众生活的一个部分，而这些必须依赖于口头创作得以代代流传。

（2）传承性

传承性特点指的是民间文学的核心部分，是经过代代相传所沉淀下来的相对稳定的因素。首先主要是内容上的传承，包括我们民族的精神追求、价值标准、宗教信仰、审美情趣、伦理观念等，这些因素是偏向主流和较为稳定的，不会发生根本性的变化。于是，民间文学的这些内容得以继承和发展。其次指的是民间文学的基本艺术形式，包括故事情节、叙述方式、所用修辞等方面也用了较为传统的形式，这些组成了民间文学的基本特色。

（3）群体性

群体性特点成为民间文学区别于作家文学的主要特点，民间文学具有大众创造的特点，而作家文学属于个人创作。民间文学的群体性主要表现在三个方面：第一，在形成的过程中，民间文学是民众进行集体创作、集体传播、集体加工，最终集体保存的结果；第二，在内容上，民间文学所反映的是群体的日常生活、思想观念、情感变化等；第三，民间文学中蕴含着群体所喜爱的艺术形式，它是众人思想和智慧的结晶，体现了最广大人民群众的思想与审美内容。

（4）变异性

变异性特点是指在继承与发展过程中民间文学在形式和内容上发生的变化。发生变化的主要原因：首先，民间文学具有口头性，它没有固定的文字呈现，所经过的每一个传播者既充当传承人的角色，也充当着再创作者的角色，使民间文学发生了变化；其次，作品所传播的内容与它所处的文化背景，包括民族、地域、时代等因素的影响，也会使作品发生变异，使民间文学带有属于当地民族、地域和时代的文化特色；最后，作品在某一群体流传的过程中，传播者的个人因素与受众的反应也会使其在语言和情节上发生相应的变化。

在这四大特色中，口头性与群体性是民间文学最具代表性的特色，起着主导作用。而传承性与变异性是在前两个的基础上产生的，这四大特征成为判断是否属于民间文学的主要标志。

2. 民间文学的创意发展存续

利用非物质文化资源创新性地创造动画，例如，国产动画片《小济公》《梁山伯与祝英台》等，充分挖掘非物质文化遗产项目中的"济公传说"和"梁祝故事"，这些动画的主要元素来自本土，具有很高的原创性。民间文学进行创意转化，逐渐形成产业化。一方面完成了传统文化的保护与传承；另一方面这些优秀的代表中华民族精神内核的文化，受众范围广泛，适合社会的不同群体，有利于优秀文化的继承与发展，具有历史传承的意义。对非物质文化中涉及民间文学的版块，在今天的开发中，将其转化为影视资源是最成功的尝试。一些民间文学的发源地，因为当地遗迹的存在，也成为重要的电影或电视剧的拍摄基地。

以"梁祝传说"为代表的非物质文化遗产，在现代社会经过不断地开发与创新，俨然将故事转化为一种能引起大众共鸣的文化现象，所开发的一系列资源转化为文化资源、旅游资源、经济资源。

梁山伯和祝英台的故事，在民间流传得很广，很受人民大众喜爱。这两个人物，一直活跃在人民大众心里，有着持久的艺术生命力。为什么这个故事这样被民众所喜爱呢？

第一，尽管梁山伯和祝英台都生在有钱的人家，但他们的婚姻是不自由的，是在"父母之命"下牺牲了爱情，也牺牲了性命，是封建婚姻的一幕悲剧，自然容易引起民众的同情，被人们广泛地流传。

第二，梁山伯与祝英台的人物形象具有鲜明的个性特征。祝英台是一位集聪明、有心、有情为一体的形象；而梁山伯就表现出憨厚、耿直的一面，鲜明的形象为大众留下了深刻的印象，使人念念不忘。

第三，梁祝传说的故事性很强，其情节性和传奇性都是被大众称赞的，具有现实主义与浪漫主义的双重色彩，经过一代代人的传承，成为在各大题材中广泛传播的经典故事。

第四，从艺术标准上来看，无论写人物、写故事，都相当成功。又用民间流行的地方戏、花鼓戏、歌曲、鼓词等形式表演、说唱给群众听，群众自然会热烈地欢迎这个故事。

这个故事，除去流行在民间的口传外，印成本子的也有许多种，而且用各种形式演唱着。有《梁山伯祝英台夫妇攻书还魂团圆记》《梁山伯祝英台鼓词》《梁山伯祝英台新歌》《梁山伯祝英台节义全歌》《梁山伯访友》《梁山伯祝英台回文送友》等本子。关于梁祝传说的发源地目前有好几个版本，分别为浙江宁波、江苏宜兴、山东曲阜、甘肃清水、安徽舒城、河北河间、山东嘉祥、江苏江都、山西蒲州、江苏苏州，各地之所以想抢占这一文化资源，是因为梁祝文化具有先天的产业优势，首先"爱情"主题一直是人类永恒的追求，而梁祝之间所演绎的爱情故事，具有永恒性、普世性，从产生到今天，一直是人们所热爱的经典爱情故事。其次梁祝的传说产生年代久远，逐渐由一个简单的故事发展为梁祝文化，尤其是在中国民间创作中占领了几乎所有的剧种、曲艺，另外其他形式如影视、音乐等也有不少经典之作，得到大众的喜爱。最后，人们对梁祝的喜爱不仅仅限于国人，还得到了国外专家以及大众的喜爱。以梁祝为素材的文化产品在不断壮大，小提琴协奏曲以及越剧、电影、电视剧等形式的《梁山伯与祝英台》，梁祝文化产业园，等等，这些都是对梁祝文化产业方面的积极尝试，其开发的潜力巨大。

位于宁波市鄞州区高桥镇的梁祝文化公园，依托经典梁祝爱情传说被打造，这里北依姚江，南邻规划通途路延伸段，交通便利。梁祝文化产业园以"爱情之都，浪漫水乡"为主题进行打造，以梁祝文化公园为载体，在文化园中加入创意的故事、再现性情节以及深厚的历史文化，依托当地特色的资源，进一步拓展城市文化的内涵，将深厚的梁祝文化底蕴与现代旅游结合起来，通过游玩的方式，来打造"东方爱情圣地"的品牌力，实现文化的传播与经济的增长。

梁祝文化产业园建设坚持历史与现代、传统与时尚的融合，努力"营造特色、提升价值、做大产业、创立品牌"。整个园区规划形成"一廊一街四区"的结构，即滨江爱情文化长廊、特色水街、公园游览区、休闲度假区、现代农业观光区、特色居住区。最终将梁祝文化产业园打造成以梁祝文化为核心，以梁祝爱情文化为主题，集旅游、婚庆、购物、娱乐、餐饮等功能为一体的国家级旅游景区，倾力打造世界爱情旅游的"航空母舰"。

各地应该积极发挥非物质文化遗产的文化魅力，寻找与现代产业更多的契合点。当前在世界大环境下，各国的文化创意产品大多也是源于各自独特的历史文化传统，从创意产品到创意产业再到创业产业的融合，最终形成产业链，在文化、演艺、传播、媒体的结合中，文化创意产业成为媒介内容创意和开发的内容来源之一，在广度与深度上得到了不断的传播。

（二）民间美术

1. 民间美术的基本特征

（1）积极向上的感情与思想基调

我国的民间艺术是真实、淳朴的，初心是表现广大民众对美好生活的愿望，所以在作品呈现上常有的表现形式是脱离哀怨、脱离悲伤，处处充满着欢快与活泼，这种积极向上的感情艺术被称为乐感艺术。民间美术中剪纸、刺绣玩具、编秸等，在格调追求上都是积极向上、欢快健康的，充满着对幸福生活的不断追求和对美好愿望不断实现的希冀。

（2）以意舍形的艺术表现手法

在民间艺术中有许多艺术性的艺术表现手法，以意舍形就是舍弃客观事物的自然形态而抓住特点进行创意表达。民间美术所表现的以意舍形的艺术手法主要表现在以下三个方面：首先高度的概括与简化。民间美术在表现的过程中，常常用简单几笔描述出事物的基本形态，与传统的绘画相比，呈现出概括性和简化性的特点，富有情趣与哲理。其次，大胆夸张却合理的变形，色彩的艳丽赋予了民间美术强烈的情感。例如虎的形象，虎作为我国传统的吉祥物，在现实生活中有很多的艺术作品是取自于虎的形象，比如虎形玩具、虎枕、香袋等等，虎枕主要表达的是对儿童美好成长的期望，对于民间美术来说，对虎的形象的塑造较侧重老虎的活泼，呈现出虎头虎脑的状态，惹人喜爱，在作品当中寄予了深厚的感情。最后，在艺术创作中会夸大形态的主要部分与作者感兴趣的地方，增加了民间美术的个性化与形象性。

（3）充满着浓郁的地域色彩

民间艺术蕴含着独特的内容与艺术表现形式，反映的是各民族、各地域人们的日常生活情感体验、审美追求等。它所包含的是各民族的社会生活、历史文化、风俗习惯、宗教信仰以及美学观念等方面，具有丰富的内涵。不同的民族、不同的地域、不同的时代所呈现出的民间美术的艺术特点是不同的，而这些艺术特点又反过来影响和制约人们日常生活风尚的形成，构成了民间艺术形式的多样性。例如，陕西的剪纸、东北的皮影等，都是通过不同形式的民间美术来表现不同民族地区的风俗及审美倾向。但从大体上说，内容上都贴近当地、当时的生活和生产需要，都是情感的自然流露，都是用很直观的艺术语言来表达自己的思想感情，在形式上一般保留着清新质朴的特征，不做过多的修饰，具有一种跨时代的审美价值以及艺术魅力。民间美术具有浓郁的乡土色彩，它养育了一方人，又影响了一方人，表现出了独特的地域色彩。

2. 民间美术的创意开发

（1）充分利用文化资源

民间美术要进行创意开发，要抓住民间美术的文化属性，将其文化属性作为切入点，就其产业化的程度以及市场的占比来看，民间美术的产业转化要明显低于现代美术，但就其民族特色以及历史积淀来看，民间美术具有明显的优势，将民间美术的创意转化，并不是仅仅让民间美术商品化，更重要的是产业化，文化产业化的过程，正是文化产业发展的初衷。事实上，如果不能满足文化属性的挖掘，而仅仅从商品属性进行考虑，会逐渐走向同质化，那么民间美术的创意转化也就失去了新颖性，长此下去，不仅失去了鲜活性，还会对非物质文化造成破坏。所以在创意产业的背景下，要想使民间美术发挥其应有的作用与效益，一定要把握其文化内涵，可以通过把握产品的设计与策划、依托民间及社区，构建和提升民间美术产品的文化底蕴，增强其文化的综合竞争力。

图 1-1-1 《借色》（设计：于 越）

于越设计的《借色》是以传统植物染手工艺为基础，利用可移动茶室为创新，开发现代创新视觉图形。让非遗文化走进日常生活。

（2）要与大众的生活紧密联系

在创意开发过程中，要贴近大众文化需求，与大众生活紧密相连。民间美术与大众文化有着密切的联系，是根植于大众的日常生活而存在的，是一种能为大多数人所接受的，并具有普遍性的生活观、审美观与思维模式。大众文化是在不断的发展过程中形成的，首先它具有亲民性，贴近人们的生活需求，是大众所熟悉的内容；其次具有娱乐性，是大众在闲余事后的消遣，能够起到缓解压力，获得轻松与愉悦的效果；最后它还具有消费性，一般来说，大众消费某项事物，证明这项事物具有了相应的艺术价值，能与大众产生共鸣，得到了艺术价值层面的认同。而大众文化的这些特征，在民间美术作品上有着很好的体现，因此民间美术在大众消费时代的背景下，如果开发利用得好，其市场前景也是巨大的。

当今社会，需要鼓励大众消费，拉动内需。我们正在经历由生产社会向消费社会转型的时期，人们从较多的关注物质的使用价值开始转向关注文化价值。在关注文化价值的过程中，形成了一定的消费文化，这一消费文化是特定时期的产物，指的是人们在物质与精神生产、社会生活以及消费的过程中所呈现出的消费理念、方式、行为、环境的总和。因此在大众消费时代，只要产出的产品具有独特的创意和深刻的文化内涵，迎合了大众的心理与审美需求，就一定会有市场，而民间美术所要做的是迎合现代人的心理，不断推出具有创意的、能满足广大民众文化需求的产品。在实践的过程中，可以通过生产具有视觉性与吉祥特征的产品，推出怀旧与休闲系列，融入民族风情等，这些方式都是大众所喜爱的，有助于民间美术创意产业的向前发展。

（3）注重与相关产业的结合与发展

在经济学上，产业整合指的是为了实现产业的可持续发展，为了谋求更大的优势，会按照产业的运作规律，通过企业间的整合，实现跨地域、跨空间、跨行业的生产要素的优化配置，通过资源重组，形成较大的企业与企业间的主导产业以及产业结构的过程。整合的目的是最终为产业的整体化服务。

（三）传统表演

1. 传统表演艺术

中国戏曲、木偶戏、皮影戏、杂技表演、民乐，以及少数民族的舞蹈和戏剧等，都是中国传统表演艺术中的精品。每种艺术又有很多不同的流派和风格，千姿百态，是一座绚丽夺目的艺术大宝库。传统表演艺术是我国非物质文化遗产中不可或缺的一部分，由于各种各样的原因尚未得到充分地挖掘，亟待进一步的开发与利用。近几年，部分表演艺术得到进一步发展，呈现出勃勃的生机与活力，但仍然面临着一些问题。

表演艺术是世界规定的非物质文化遗产的重要部分，在我国推进非物质文化遗产保护工作实践当中，又将非物质文化遗产分为十类，其中包括传统音乐、民间舞蹈、传统戏剧、曲艺、传统体育、游艺与杂技等，这些都归到了表演艺术中。传统表演艺术最重要的是它的传统性，这里的传统并不是老旧、土气的代名词，传统表演艺术主要是依靠口耳相传的方式代代相传，所以也导致了表演艺术的内容趋于稳定性。例如传统戏曲，它在较长的历史时期内表现出相对稳定、单一的艺术特色。虽然现实当中仍然存在着固定的受众群体，但整体上偏于老龄化、边缘化。这并不意味着戏曲就失去了它的发展空间，它与其他的传统表演艺术一样，具有深厚的文化底蕴，在文化市场化、产业化的今天，戏曲的生存空间需要进一步的拓展创新，增加其受众，实现其可持续发展。另外，传统表演艺术汇集了不同地域、不同时区、不同民族之间的文化形态，是中华民族集体创作的智慧。通过表演将人以及人的思想感情、心理体验表达出来，在不断地自我创造中实现人性与艺术的不断延续，而这些正是中华民族文化的精髓所在，也是它能经久不衰，不断延续的重要原因。在众多非物质文化遗产保护与创意转化过程中，"古琴热"是一个非常重要的文化现象，展示了古琴文化以及古琴品质，有着数千年的唐宋古琴逐渐形成了古琴文化，借助当代音乐人的技术，使得原来作为文物的古琴重新演绎出曼妙的声音，这种古典的回响更加契合当代人对优秀传统文化的向往，也使得传统的古琴艺术在现代生活审美过程中增加了美感。

在众多的传统表演艺术中，需要找到精品进行形式上的创新，再结合文化、旅游、体育、会展等市场因素走产业化的道路，这样可以使传统表演艺术焕发出新的生机，带来审美价值。将传统的表演艺术与现代技术结合，使传统表演艺术在现代社会广受关注并带来更多的经济价值。对于一些传统的戏曲、舞蹈等，因为这些表演艺术具有较强的生命力与感染力，所以每逢节庆、旅游、体育等公共场合需要表演时，这些表演均受到广大群众的喜爱与欢迎，具有很高的价值。将传统的表演艺术融入文化节、旅游胜地当中可以展现城市的开放文明，为城市打造靓丽的名片，更好地推动传统表演艺术走向市场，创造更多的经济价值与社会效益。

2. 非遗表演艺术的创意

我国有着较为丰富的传统表演艺术文化遗产，这些都是我们宝贵的非物质文化遗产，其历史发展久远，艺术积淀深厚，非常适合走职业化、市场化的道路。所以在发展过程中要坚持采用原生的本土创作元素，同时吸纳并找到与现代社会相契合的诸多元素，产出具有原生态的文化创意内容，与现代社会接轨的较新的文化产品，最终走出一条适合传统表演艺术进行创意转化，生成创意产业的创新发展之路。在这一过程中，需要注意以下几点：

首先，在传统表演艺术上要注重内容上的创新，培养文化消费的市场主体。传统表演艺术属于非物质文化遗产的一部分，依托古代优秀文化，要想适应时代和社会发展的要求，需要增加一些新的内容、形式以及表现手法，以崭新的面貌出现，通过多种形式、不同场合的演出，最终唤醒大众对传统表演艺术的热爱，最终培养出一批热爱传统表演艺术的文化消费主体。

其次，传统表演艺术创意转化中要注重坚持原生态。将传统表演艺术的本质进行生动的表达，同时融入现代元素，挖掘传统表演艺术的文化魅力。优秀的文化艺术要迎合所处时代的大众心理，表现的是一种本质的特征。从我国文化艺术发展的历程来看，往往因为一台戏剧或者曲艺就可以激活一个剧种，并使其不断地延续下去，口口相传直到今天。在当前非物质文化遗产保护和传承不断发展的背景下，要进行传统表演艺术的创意发展，需要对传统的表演艺术进行深度加工与创新，在保持原生态的基础上加入现代元素，在吸收传统文化精髓的基础上，迎合现代人的心理与审美倾向，对表演艺术的语言、音乐、服饰、动作、灯光、色彩等方面都可以进行创意地设计，并引入现代技术为之服务，使之倾向于现代社会大众文化审美，更加具有文化性。这样的举措有利于传统表演艺术保护与继承，进一步将传统表演艺术推向现代市场，接受市场的考验。

再次，现代科技是现代化的一个重要特征，可以运用现代科技手段进行文化传播。表演艺术是一门综合的艺术，在一场表演中通常需要具备演员、舞台、灯光、音响、动作、声音等，而除去舞台与演员之外，所需要的声音、光线、电等都要依托现代科技，通过现代技术的运用，促进表演艺术进行视觉呈现。运用现代科技手段也可以让观众既享受到传统表演艺术的文化魅力，又能感受到现代科技的创新之处，它是传统表演艺术进行创新转化的一条有益的尝试。在我国的非遗表演艺术创意产业中，通常会依托较为专业的剧团进行演出，在演出之前还会进行前期的策划设计与市场营销，结合市场的特点进行表演，逐渐走出了一条非物质文化遗产表演艺术的产业化道路。通过经济效益来实现和反哺传统文化的保护与传承。

最后，非物质文化遗产表演中有互动性原则。互动性主要体现在观众不仅能看到，还能体会到的表演艺术。例如，现在的一些舞台、会展、参观场馆等不仅可以观看现场表演，也设置了一些特殊的橱窗供观众观看与操作舞台演员所使用的道具，与现场观众进行积极的互动。

（四）传统手工艺

1. 传统手工艺创意发展的必然性

传统手工艺指的是纯手工或借助简单工具制作的具有独特艺术风格的产品，自始至终都有手的精细动作的参与，没有工业化的机器批量生产。制作手工艺品可以使用机械工具，但其前提条件是工艺师直接的手工作业仍然为成品的最主要制作手段。传统的手工艺品种类多种多样，例如刺绣、瓷器、竹编、草编、年画、蜡染、木雕、根雕、泥塑等，这些手工艺品的工具与取材源于生活，创造出的价值却又高于社会生活，体现的是古人的工匠精神，对现代工匠精神的打造具有积极的意义。

手工艺具有悠久的历史，虽然近代的机器生产已经取代了相当一部分的手工作品，但是仍然有一部分需要手动完成，在制作的过程中少了机器生产的同质化，所呈现出的是制作者的思想、观念，代表着中华民族的优秀文化。传统手工艺品最初是用于日常的生活，经过不断地发展，又注入了更多的审美元素，成为文化艺术产品，具有了审美的特征。在追求个性化的今天，手工艺术品具有独特的魅力，它集装饰、实用与文化于一体，同时包含着制作者独特的情感外化，已经成为现代都市所流行的文化现象，甚至渗透在人们日常生活的方方面面。传统手工艺结合现代因素，包括现代社会的审美以及生活，在积极发挥其文化因素的同时，创造出更多具有文化内涵与鲜明时代特征的产品，有利于传统手工艺的现代转化，也实现了大众对古代优秀传统技艺的利用，提升了精神领域的高度。往昔的手工艺具有一种饱含岁月积淀的人文气息，也承载着丰富的文化内涵，这种不同于现代机器生产的非同质化产品给人耳目一新的感觉。

随着社会主义市场经济的不断发展，人们在精神层面的追求不断提升，在物质消费的基础上，更加注重产品的附加值消费。传统手工艺品作为一种文化创意产品，展现的是广阔的发展空间和巨大的经济价值。随着我国经济、旅游的发展，在一批手工艺人的精心创作下，传统的手工艺品不断推陈出新，深受广大消费者的喜爱。目前来说，国内已经出现了较大型的手工艺公司，通过创意与策划，取得了不错的效果，在交易会、展览会以及一些电商平台进行手工艺品的经济转化，取得了很好的经济效益，有的还远销国外市场，例如丝绸产品。在国内也逐渐形成了地域手工艺产品集群，例如长三角地区、珠三角地区等，呈现出不错的势头。

2. 传统手工艺创意开发

手工艺品是农耕时代生产力与生产方式的代表，要想进行创意转化必须加入新的元素，来适应现代社会的产业发展，创意产业要想发展得好，从传统资源中汲取养料是必然的选择，传统的手工艺本身就是文化创意的源泉，可以提供源源不断的灵感与创意源泉，与现代创意相结合，不仅有了深刻的文化内涵，也提升了产品的文化品位。

以杨家埠木版年画为例，作为中国民间艺术的瑰宝，杨家埠木版年画具有独特的艺术特色。作为中国著名的三大民间年画之一，杨家埠木版年画历史悠久、风格鲜明，且蕴含着浓郁的民间艺术气息。近年来，伴随着文化创意产业的发展，文创产品设计和开发受到了广泛关注，杨家埠木版年画作为中国民间艺术的重要组成部分，文创产品的开发设计既对杨家埠木版年画的保护和发展具有重要的现实价值，同时也对促进我国非物质文化遗产的传承和弘扬具有重要意义。杨家埠木版年画文创产品开发过程中有以下几点特征：

（1）木版年画元素的挖掘、提取和移植

杨家埠木版年画是传统文化的杰出代表，杨家埠木版年画文创产品设计在一定程度上实现了传统文化元素和文创产品设计的融合。因此，在杨家埠木版年画文创产品设计中，设计者要对杨家埠木版年画这一传统文化的精髓有较为全面的了解，以此为基础，深入挖掘和提取木版年画元素，并将其融入文创产品设计中，进而设计和创作出具有杨家埠木版年画元素的文化创意产品，从而促进杨家埠木版年画的传承和发展。杨家埠木版年画在造型形式、构图形式、色彩运用等方面都独具特色，门神、花卉以及人物形象极具典型性和概括性，蕴涵着深厚的文化内涵，具有丰富的象征寓意，设计者通过对木版年画元素的挖掘和提取可以直接应用于文创产品设计之中，也可以根据社会和时代的发展状况以及人们审美需求的变化进行解构、加工、重组和移植，使木版年画元素在保持传统文化底蕴的基础上呈现出新的时代特点，进而设计和创造出既具传统文化内涵又具时代气息的文化创意产品。

（2）传统与现代相结合

在杨家埠木版年画文创产品设计中，直接或者间接提取和植入木版年画元素是设计的必要手段。传统形式的抽象与简化、传统文化元素的拆解与拼贴可以更好地表达文化创意产品的概念，营造出良好的视觉效果，使设计和创造出来的文化创意产品既有传统特色又有现代美感，从而更好地满足现代社会大众日益多元化的审美需求。但是，在这一过程中，设计者要融入现代设计理念，传统文化元素和现代设计理念融合才能使文创产品设计碰撞出"火花"，才能实现设计的创新。伴随着社会和科技的发展，新工艺、新技术、新材料不断涌现，设计者在融入先进设计理念的基础上可以充分利用新材料、新工艺和新技术，以设计出更多适应现代大众审美需求、市场需求的文化创意产品。另外，文创产品设计应该是文化、艺术与技术的有机结合，在杨家埠木版年画文创产品设计中，设计者还要运用现代设计手段和设计方法将其所具有的文化价值、审美价值、经济价值、地域价值等现代价值融为一体，在确保文化创意产品功能性的同时，更好地满足现代社会大众的精神文化需求。

第三节　非遗文化创意的价值

一、非遗文化创意的文化价值

（一）作为民间知识与信仰的非遗

非遗具有文化属性，它反映着人们的思想情感、道德观念、信仰意识、价值取向、风土人情和民俗文化，寄托着人们对理想生活的美好追求，是历史的积累和文化的积淀。非遗具有民间本色，非遗生于民间，长于民间，存活于民间。民间文化是老百姓和民间艺人创造的，反映了老百姓心声，重在自娱娱人。民间文化是口口相传、集体参与、人人相因又变化万千的，有着非常强烈的地域特性、个性主题以及现实愿望。

图 1-3-1 《瑞气盈门》（设计：朱嘉琳、许高智）

朱嘉琳、许高智设计的《瑞气盈门》使用的是门神的形象，即司门守卫之神，是农历新年贴于门上的一种画类。作为民间信仰的守卫门户的神灵，门神这一形象在快节奏的时代中正在逐渐退出大众视野。作者希望通过门神重新设计，展现木板年画工艺流程，将门神重新拉进大众视野。

非遗是民间知识与信仰的综合体现，由于它的民间性，在现代一直没有得到足够的重视。一般人们都认可通过学校教育得到知识传承，而民间传承则是通过口传心授、耳濡目染、潜移默化等方式传承下来的。这种知识体系不同于学校教育或正统教育，它实际上是民间社会存在、发展和壮大的精神土壤。遗憾的是，以非遗为代表的民间知识体系没有得到应有的重视，一些非遗"大师"可能是"文盲"，但他们其实可以说是"国宝"。

　　传统手工艺的传承能体现民间知识与信仰的精神与内容。传统手工艺不仅仅是遗产，也是一个创造财富、创造生活的技艺，特别在这个信息和技术越来越便捷、发达的时代，本土化技艺格外有意义。它不同于机械化地复制和模仿，它创造和表达的是真正属于我们这个民族的美感和语言，是文化的根脉。如果将其与基础教育、文化产业相结合，我们的民间手工艺将更有生命力，这是一种智慧的传承。不能只把传统手艺作为遗产，必须使它活在当代社会生产和生活中。

　　荣宝斋木版水印是首批入选国家级非物质文化遗产保护的项目，高文英是该项目的传承人。2008 年，北京奥运会召开，给北京的非遗带来前所未有的宣传契机，在这一年，张兢认识了高文英，后来成为她的爱徒之一，她们在生产中传承古老的技艺，这比照本宣科有效得多。张兢原来的专业是园林设计，而要掌握荣宝斋木版水印的技艺，接触最多的还是国画，她必须从头学起。高文英并不过分看重徒弟专业对口，事实上她自己当初也不是国画专业，甚至连美术基础也没有。手工技艺的掌握，有时就是一层窗户纸。在印制过程中，高文英会对徒弟遇到的技术难题一一点拨，直到徒弟印出让她满意的作品为止。进行非遗生产性保护，就是让传承者能在不断的生产当中，广泛地见识各种难题，不断积累印制的经验，而这种经验如果不依靠生产者本人的亲身体验，只是通过书本学习，则很难获取。

　　作为首批文化部非遗生产性保护示范基地的内联升，选择传承人的过程也很艰难。2009 年 9 月，内联升第四代传承人何凯英正式收下三名开山门徒。拜师仪式上，何凯英在宣读已传承 156 年的师训后，依次接过任晨阳、刘伟、蔡文科这三名男徒弟双手敬上的拜师茶，随后向三名徒弟赠送鸭嘴钳等一套 4 样的手工制鞋工具。这不仅仅是拜师，而且是实实在在的一种文化传承，这也正是民间知识与信仰的重要特征。三名徒弟全是"80 后"小伙儿，这一代孩子眼界宽、选择多，真正愿意踏踏实实学门手艺的人并不多，况且现在这类传统手工艺的回报也有限，短期内并不能实现财富积累。在历史上，内联升传统手工艺一直是口传

心授，被选为徒弟对于以此谋生的制鞋者而言是莫大的荣誉，但随着时代的变迁，找到一个有心学习的徒弟并不容易。

这种困惑普遍存在，究其深层原因，乃是人们对民间知识与信仰认知弱，觉得不是"正途"，不能与学校教育平等看待。这实际上是一种偏见。非遗多发端于农业文明时代，与民间信仰有着千丝万缕的联系，"假如把所有涉及民间信仰与民间崇拜的内容都去掉，中国的传统文化将所剩无几"[1]。从世界范围来看，也有"三分之二左右的项目都与巫术及民间信仰有关"[2]。对待民间知识与信仰的认识态度，是保护非遗的关键。多年来我们总习惯于把属于民间信仰范围的种种文化现象简单归为封建迷信，在非遗产项目的认定与名录评审过程中，那些被误认为是封建迷信的"非遗"项目被拒之门外。但如果换个角度，把非遗作为民间知识与信仰的代表，本身就与学校教育不同，经过现代学校教育的专家们对非遗很难具备的真正的"资格"认定，情况就会有所不同。因为这是两种不同的文化价值体系，不能厚此薄彼，数典忘祖。

（二）作为民族文化传统的非遗

当前，抢救和保护民间文化遗产，继承和弘扬民族文化的优良传统，成为许多人的共同心声。作为民族文化内容重要载体的非遗，是建设具有民族特色的现代文化的基础，也是中华民族对世界文化的丰富和贡献。

从历史上看，自五四运动以来直至 20 世纪 80 年代，有些人对传统文化比较疏离，文化情感日趋淡漠，难以认同传统文化的价值所在。随着全球经济一体化、城市化进程的加快，许多传统文化、技艺失去了生存环境。一些即便仍存留于民间，但也存在着简单化甚至扭曲化的现象，比如很多地方的庙会、赛戏规模日益缩小，甚至消失。传统节日端午节、中秋节也几乎只剩下了吃粽子、吃月饼

① 田青. 非物质文化遗产保护三议 [J]. 文艺研究，2006（05）：30-35.
② 戴廉. 非物质文化遗产保护的困惑 [J]. 瞭望新闻周刊，2005（30）：57-59.

的习俗，人们逐渐淡忘其他丰富多彩的节庆形式，民族特色随着非遗的淡出也越来越淡。

在社会常识中，人们一般认为传统文化只保留在典籍、文物和建筑这些有形物质中，往往不是很重视无形的传统文化，特别是以非遗为代表的民间文化。尤其是有些非遗项目往往附加上了一些神秘的内容和色彩，更加使得人们把这部分非遗看作是腐朽、落后的东西，无形中影响了对其文化价值和科学价值的认识。这足以让我们警醒，我们需要对许多非遗项目持一种理性、宽容的态度重新审视。

另外的情况是，一些地方注重非遗的经济价值而忽视了非遗的社会文化价值。申遗成功往往是大规模旅游开发或生产性开发的前奏，是促进当地经济发展的一种手段。一些地方为了迎合游客的欣赏趣味或市场需求，对传统表演形式或技艺随意改动；有的为了迎合游客趣味，还加入了低俗的内容。这些过度包装的商业开发不仅没能保护非遗，反而使其珍贵的文化元素消失殆尽。

这些情况出现的原因在于人们还没有真正意识到非遗的社会文化价值。作为一种民族文化传统，非遗对构建我们今天的生活仍然有重要作用。

农业社会中的庙会、花会、赛戏等民间文化活动，不仅是一种娱乐，是繁忙劳作之余的放松与狂欢，也是百姓日常生活中学习各种技艺的展示与交流，是彼此之间文化的认同、凝聚与再创造。这些富有沟通、创造、欣赏、健康、娱乐等价值理念的活动方式恰是生活节奏紧张、身心俱疲、精神无依的现代人所需要的。一些传统技艺、文化空间、岁时节令蕴涵着丰富的有关生活、生命、宇宙自然的知识，是先人应对困境与挑战的智慧的结晶，可以给今人面临的生存状态和困境以多方面的启示，也是构建当代民众精神生活需求的文化资源与要素。当非遗的社会文化价值与意义被人们理解或认同时，很多传统文化技艺都可以逐渐重新融入人们的生活。

山西醋工艺不仅仅是一个传统工艺的保存，它同时也有非常多的民族习惯、民族传统和民族情感在里面。外国人不大会习惯中国的陈醋，中国人也不太习惯吃洋醋（白醋）。又比如运用传统技艺生产出来的陶瓷和其他的工艺品、民族医药制品，乃至于我们传统的食品、茶叶等，所有的这些都是传统技艺的体现，我们看到的是外在的那种物化了的对象，但实际上它们包含了文化内涵，而这种文化内涵也深深地蕴涵着我们自己的民族情感。

尤其需要注意的是我国少数民族的历史文化传统大多存留在少数民族的非遗中，非遗是少数民族文化传统的历史记忆。我国有 55 个少数民族，他们在历史的发展长河中，创造出了丰富多彩的非物质文化遗产，堪称人类历史上宝贵的精神财富。然而，随着现代化进程的加快，一些依靠口授和行为传承的文化遗产不断消失，许多传统技艺濒临消亡，大量有历史、文化价值的珍贵实物与资料遭到毁弃或流失境外。

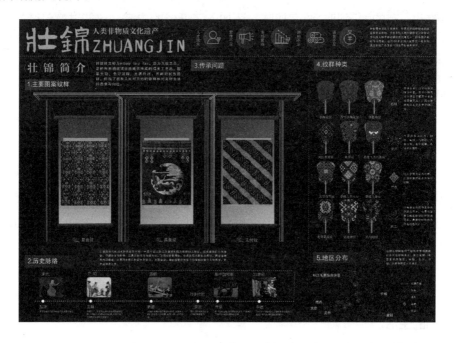

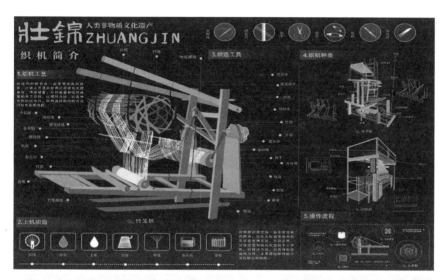

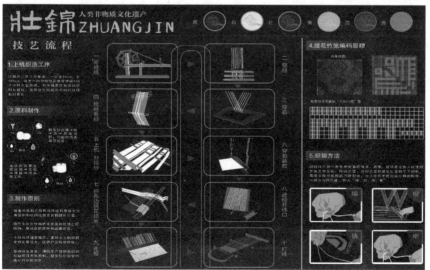

图 1-3-2 《壮锦》（设计：赖筱雯、王一帆）

赖筱雯、王一帆设计的《壮锦》是壮族特有的非遗文化。壮锦又称"僮锦"，被誉为"中国四大名锦"之一，是中华民族文化瑰宝。当今社会，利用数字信息呈现媒介，对壮锦的发展、花纹的样貌、花纹排布的规律、生产的原料、制作的流程进行视觉表现，具有非遗文化保护的意义。把复杂文字信息转化成图文语言，以信息图形的方式呈现给大众，帮助人们更容易便捷的了解非物质文化遗产。这种传承既是一种研究，也是一种展现，更是一种传播。

图 1-3-3 《缂织新物》（设计：吴　昊）

缂丝在我国非物质文化遗产传承发展至今，产出了大量的文创产品及其有助于它发展的周边产品，非遗文化也得到了积极的发展，但也有大量的非遗文化面临着很多不同的难题，如传承人的稀缺、工艺失传的现象。缂织新物研学基地是培养青少年对"缂丝"非遗技艺兴趣的研学基地，深入了解"缂丝"的辉煌历史激发学员探索欲，从而使青少年学员在实践的过程中培养对"缂丝技艺"的兴趣，并激励学员创造出更具创造力的缂丝作品。

图 1-1-5 《狮来运转》(设计：鞠济璟　吕静怡)

狮有"瑞兽"之称，而狮舞也有驱邪，招财通灵气的吉祥寓意，鞠济璟、吕静怡设计的《狮来运转》融合狮舞的动作表情，作品从狮舞的历史入手，将现代人的愿望赋予传统的狮舞中，提炼北狮文化特征设计 IP 形象，将传统狮舞年轻化，凸显其地域独特性及文化感染力。

二、非遗文化创意的社会价值

文化创意的社会价值是个人及社会组织通过自身的自我实践活动发现社会或他人物质、精神的发展规律并对内在矛盾作出贡献。非物质文化遗产的社会价值指的是非物质文化遗产本身以及相关的创意产业对时代经济产生的影响。"非物质文化遗产的价值是指非物质文化遗产对人类具有重要功能和作用，它存在于非物质文化遗产本身与人类的相关关系中，主要包括历史价值、艺术价值、社会价值等基本价值以及经济价值、教育价值等时代价值，具有多样性、动态性和系统性"①，其中的多样性、动态性和系统性主要指的是当代社会的大环境随着时代的发展而发生变化，这些变化同样影响着非物质文化遗产的变化，客观上促进了非物质文化遗产不断创新与不断寻求新的呈现方式，从而令其内在价值可以进行外化表现，对人们的生活以及精神产生影响。

传统文化部分的内容在非物质文化中有不少的体现，这些部分集中反映了民族的共同心理、思维方式、文化习惯、生活习俗等，不仅是对民众的普遍性的概括，同时也是价值取向、生活方式、社会凝聚力的集中体现。非物质文化遗产完成创意的过程，也是外化与成长的过程，表现了继承与创新的双向融合，非物质文化遗产除了继承之外，在开发的过程中还加入新的理念与文化意识，赋予了优秀传统文化一个新的价值身份。特别强调的是在非物质文化遗产中，中国传统社会伦理道德资源是当代道德建设与道德教育的重要参考，需要积极利用和深度开掘，探寻当代的发展路径，给社会主义和谐社会的构建带来精神上的启发，促进当代人正确的人生观与价值观的养成。

非物质文化的活态性特点也从侧面说明了非物质文化遗产的不断变化，以各种各样的形式适应每个时代的发展。因此在开发保护和创意中要注重其本身特点的深度表达，现代的表现形式和社会、经济发展过程中需要的元素在非物质文化遗产中是否能找到，应该如何进行有效的融合，以及如何进行转化等，都是进行非物质文化遗产创意转化必须思考的问题。所以要充分发掘非物质文化遗产的精髓，进行非物质文化遗产的创新与创意表达，将非物质文化遗产直接搬到大众的精神与物质生活中，发挥其应有的社会价值。

我国文学家鲁迅在《且介亭杂文集》中说道："只有民族的，才是世界的。"一方面，由于不同国家与地域的政治、经济、文化、习俗方面的不同，决定了民族非物质文化遗产具有独特性；另一方面，世界的本质是多样性的，每个国家或

---

① 王文章.非物质文化遗产概论 [M].北京：教育出版社，2008.

民族的文化遗产都是不可复制、独一无二的，需要保持这部分文化的独特性，让它充斥世界文化宝库，成为全人类文化的共同财富。中国的非物质文化遗产带有鲜明的民族特色，它是民族智慧与意识形态的集中体现，反映了人民对大自然的深刻认识与能动反映，对它进行创新性转化有利于本民族文化遗产的发展，成为代表中国特色的优秀文化。另外，非物质文化遗产也是世界文化的组成部分，它促进了不同国家、不同地区之间的文化交流，影响各国家的文化形态，而这样的社会价值超越了国家与民族，具有广泛性的特征。

三、非遗文化创意的产业价值

根据现代社会主义市场经济的发展程度来看，现代市场经济已经进入了新的发展阶段，蕴含着强大的活力，在这样的背景下发展非物质文化遗产具有重要的产业价值。首先，非物质文化遗产中的优秀传统文化资源可以转化为文化生产力，对社会的经济发展具有促进的作用。同样非物质文化遗产经济与产业优势的体现，也会反过来吸收更多的资金，用在非物质文化遗产创意的生成中，对非物质文化遗产进行保护与传承。对于文化遗产，无论是有形的，还是无形的，都应该在保护的前提下进行积极的创意转化，进行创意化产品的开发，扩充非物质文化遗产的市场空间，通过运作创意性的市场营销，来实现对其保护与开发的目标，从而获得文化保护与经济转化的双重价值。

就目前来看，国家非常重视我国的传统节日与传统习俗，注重对文化庆典、宗教、民俗等的保护与开发。不仅中国如此，世界上大多数国家都很重视本民族的传统节庆。世界各国不仅对非物质文化遗产的价值有了深刻的认识，而且还注重深度挖掘资源优势，将其转化为一系列的文化创意思想与主题，通过各种形式，比如传统节日、习俗、文创产品等，吸引了众多的游客前来，这样不仅给旅游业带来发展，同时本民族的优秀文化资源也得到了很好的传承，还创造了可观的经济效益。经济的创收也带来了模式方面的循环发展，即非物质文化遗产创意性转化促进经济的转化，经济效益反过来支持非物质文化的创意生产，注入更多的经济支持，鼓励非物质文化遗产传承人挖掘新的创意，鼓励非物质文化遗产相关产业的产业链形成与发展，形成良好的运营模式。

当然，非物质文化遗产的文化创意所体现的经济价值应该与各种价值处于并列的地位，不能成为判断非物质文化价值的唯一价值。经济价值的追寻很容易产生一个误区：为了追求经济上的利益和迎合大众的猎奇心理，而对非物质文化遗产进行歪曲、变形甚至扭曲。这种方式显然是不可取的，可能短期内会带来可观的经济收入，但长此下去，会与非物质文化遗产的原生态相背离，失去了发展的原动力。所以在创意化产业及创意产品的打造上应该注重非物质文化方案与技术、工艺、审美、艺术方面的关联，在开发的过程中注重非物质文化源头的挖掘，去寻找非物质文化遗产的继承人发掘细致的工艺和技术。非物质文化遗产的创意产业应该鼓励非物质文化遗产的传承人充分发挥个人的主观能动性，释放出更多的创意，产出更多的创意产品与新的市场需求，同时还和整个产业相关，形成新的产业，促进原有产业的升级，加速该形态的产业链的形成。我国在发展非物质文化遗产的创意产业过程中，注重对产业结构的升级，尤其注重非物质文化遗产的文化层面的创意转化，进行新兴文化产业部门和行业的积极探索，对产业结构的升级有着积极的意义。

在对非物质文化遗产进行原生态开发的过程中，要注重非物质文化遗产本身的本真性保护，同时注重将有益因素与经济相结合，创造文化遗产的经济效益，对那些既有传统文化特色又具有经济价值的元素要敢于大胆创新，树立产业化的发展思路。在产业化的开始阶段要充分挖掘内在价值与外在表现形式，寻找适应社会主义市场经济的发展形式，对非物质文化遗产的相关产品有着精准的人群定位，尤其在旅游区域，非物质文化遗产的创意产品应成为当地的文化名片，最终形成较为有影响力的城市文化品牌，成为社会主义市场经济发展的一个重要组成部分。

以活态方式传承的民间审美文化具有不同于经典艺术和美学的特殊美学形态、内涵和价值，因而我们对非遗中的美学问题、审美元素以及现代美学视角下非遗产业开发进行了深入的探索。

第一节　非遗中的美学问题

一、非遗的美学内容

（一）非遗：作为美学的小传统

全球化时代文化交流受到多元融合文化共享形态影响的同时，对同质化趋势的形成产生了巨大冲击。非遗保护所具有的文化多样性价值以及文化包容性特征都可以通过非物质文化遗产的"美"来表现出来。21世纪初，全球范围内开展众多的文化多样性保护与非遗保护活动，其意义在于抵御全球化导致的文化同质化现象，有效维护不同传统文化的多样性。文化的多元性是由其所蕴含的文化精神决定的。站在文化形态的层面看，通过跨文化交流共享，各文化传统多样性得以维护和保护；从外在表现形式上看，各国间的文化交流是建立在共同生活方式之上的，并以一种开放、包容的姿态融入世界范围内。就其内在文化个性和认同意识而言，差异性文化的主体性反而正在消亡，或者与共享空间分离。这种情况下，保护的效果并不明显，甚至可能会适得其反。综上所述，对文化多样性的保护似乎成为一个悖论。

非物质遗产是具有特定内涵和意义的各种历史文化的遗存。形成这一悖论，究其原因，与非遗保护在观念、目的上存在的片面性有着极大的关系。在技术上，文化保护具有可操作对象，即特定物质文化形态——文本、地点、实物、人与事件结合在一起。因此，要想在一个特定范围内实现对遗产资源的有效管理与利用，就必须以某种形式将这些要素加以整合，从而使其发挥出最大效用。实际上，将物质性（有形的）的文化现象作为"非物质"文化遗产保护的对象，它本身是一个悖论。因此，在当下我们需要的不是对"非物质文化遗产"进行全面的抢救与保护，而是通过一种更为有效的手段来实现"非物质"文化内涵的传承和延续。到底如何让非遗保护真正接触到"非物质"文化的核心价值？

在各种文化活动背后，一个文化群体若不存在凝聚身份的共同需求，怎样塑造一个有凝聚力，有文化特征的"想象共同体"？无论是保护文化多样性，还是非遗文化，最重要的是要保护具有一定文化精神特征的审美体验或者经验。审美经验与美学关系密不可分。事实上，到目前为止，基于审美经验或者美学意义的文化保护，仍然是一个错综复杂且矛盾争议不断的研究领域，在此过程中，审美经验本身也就成为文化保护与传承所要解决的核心问题之一。纵观中西美学主流研究，研究传统美学现象与问题所基于的审美经验对象，多为主流文化所认为的经典作品。传统美学研究理论，多数将经典艺术作品作为审美经验范例，采用阐释与分析归纳相结合的方法，对审美经验普遍性质及其内在规律进行概括和总结。这种基于文本阅读所形成的"审美范式"，其本身就是一种典型的艺术形式——文学样式。除此之外，这类美学研究赖以存在的审美文化传统，就是以典范作品为形式，最终确定并固化下来的主流文化传统。

小传统乡民审美经验是由民间生活习俗所隐含的审美趣味所构成的一种情感

认同形态。经典美学研究一般将这种审美活动，归因于文明早期不成熟的艺术形态，作为审美观念史上经典艺术之源头或素材资源，从而有意识或无意识地将其独立价值与重要地位忽略。小传统的审美经验具有明显的保守性特征，它既表现为对现实的超越与批判，又体现出一定程度上的趋时意识。审美体验是维系民族情感纽带的重要手段，也是人们认识世界与改造世界不可或缺的途径之一。由于被精英文化偏见所构成的概念遮蔽，严重忽略了审美文化发展的重要现实，活态的审美文化不是经典艺术史前形态的一种附庸，而是民间文化中的一种集体精神形态，具有非常独特的重要美学价值。在非物质文化遗产保护与传承的语境下，小传统民间美术也成为小传统文化美学的重要内容之一。对这些与经典美学相区别的小传统艺术文化进行研究，有利于当代美学研究视域由经典美学注重个体审美体验，逐渐向集体记忆与审美认同方向拓展和延伸，对重新发现、理解并有效继承这一美学中的传统精神，是十分有意义的。

（二）活态传承与文化创意

非遗保护"活态传承"这一特定概念提示出一种不同于传统文化遗产保护的理论与实践意识，并由此引发诸多的矛盾和争议。活态传承争论所涉及的问题是，怎么样理解在活态保护下，保留某种传统文化所独有的基本要素，或者保护文化基因和维持文化传统生命活性两者间存在的关系。在此前提下讨论非物质遗产保护中对于文化多样性以及民族特性的保留与发扬问题对于活态地继承和发扬传统文化有着十分重要的指导意义。

非遗审美特质能将民间文化美学力量充分反映出来，同时这也是集体记忆和审美思潮内在生命力永存之体现。作为一种非物质文化遗产，非遗要有自己独特的审美活动规律才能获得持久的生命力。在经典美学判断艺术作品审美价值的时候，艺术家个人独创性是衡量的一个标准。排斥民间艺术古老程式所具有的美学价值，忽视经由审美认同重现的集体记忆和继承的美学意义，也在一定程度上掩盖了人的审美经验深处的原生态群体的生命力。在民间文化美学视角下，艺术的发生不是简单地复制或模仿历史，而是一种创造性的实践活动，其核心就是个体生命的自我超越，它包含着主体的自由自觉精神。艺术在经典美学观念下的发展具有的时间性，就是在传统艺术形态进行改良或者传承的过程中，既生成全新的审美意识，又形成全新的创新形式。艺术在民间文化美学发展中具有空间性，是一种经由程式化表达，多次反复出现的集体记忆与情感认同体验。

　　经典美学认为这种毫无历史发展逻辑可言的审美活动似乎暗示着审美经验的停滞不前。然而，事实正好相反，在审美经验的发展史上，由于那些似乎总是重复和古老程式，民间艺术一次又一次对精英、艺术与美学的经典观念产生影响，从而将主流文化生命活力进一步激活，最终形成了审美历史中多次出现的，震荡于精英和民间美学间的节奏和规律。文化创意生产就是一种将民间文学艺术作品进行创造性转换，从而实现对其内容、形式及风格进行再创作的实践。文化创意生产在人类文明发展和历史文化传承视野下，是对深埋于集体无意识之中的历史记忆资源进行持续采掘、提炼与再创造，进而产生全新文化产品的一种生产活动。民间文艺作为一种拥有特殊类型的文化形态的艺术，其自身具有独特的民族特性和鲜明的地域特色，同时还具有创作性、表演性及其他特点，这些特征在民间生活发展中，伴随着生活的进步也在持续的发展和更新。因此，民间文化作为一种具有生命力的精神现象，它本身就是人类社会文明进步的产物。需要注意的是，传统民间文化发展与更新的过程之中，也面临当代文化大环境下的难题，即小型的传统文化受全球化的影响和冲击，正在缩小、衰退甚至灭亡。

　　人们经常把那些表面看来是"重复"的民间艺术称为"非历史性"的东西，并认为它们不具有审美现代性。著名影视公司——迪士尼在20世纪末把中国传统民间故事"木兰诗"成功改编为动画片《花木兰》，它以鲜明的民族风格和独特的艺术魅力成为世界动画史上一部经典作品，并受到了国际社会的普遍关注，同时这部动画片在中国产生不小的影响。除了是为这一古老民间故事的再发现产生自豪、喜悦之情之外，还掺杂着几分怀疑和疑虑，具体而言是外国人转化制作我国文化遗产，是否属于文化权益与经济利益掠夺？动画片是否应该保留其原本的美学风格与精神内核？动画片《花木兰》这一成功文化产品的文化权益与经济权益到底归谁所有？这个作品是否应该受到版权保护呢？毫无疑问，花木兰故事是我国非物质文化遗产，动画片《花木兰》之所以能够吸引受众，其审美特征是迪士尼知识产权，如动画图像、动态设计等，这一系列因素共同决定了这个作品具有独特的文化价值与商业价值。然而，该产品其实就是一种运用传统文化资源创意设计的产品。在文化产业全球化的今天，文化资源已经成为国家软实力和国际竞争力的重要组成部分，虽然每一件非遗代表作品都是特定文化群体的财富，但是它同时又是当代文明所共同拥有的一种公共资源。在全球化进程不断加速和我国文化产业蓬勃发展的背景下，非遗保护与开发应该成为国家文化软实力建设的重要组成部分。从这一观点看，活态传承是当代社会文化发展创意之源。

以传统文化为根基的创意生产，不仅是一种新型文化生产，更是一种传统文化的活化与跨文化发展。人们在讨论文化遗产保护与传承的时候，最先注意到传统文化本身的价值与形式。《花木兰》这部动画片所彰显出来的，正是对传统文化资源创造性的引申和衍生。在全球化背景下，传统文化正在成为一种全球共享的"文化资产"，因此受到普遍关注。这一跨文化，跨空间文化产品已不再是狭义上的传统文化遗产，而是传统文化资源与当代创意"IP"（Intellectual Property，知识产权）的资本整合，从而最终产生的一系列文化产品。在这样一个语境下，传统文化与创意产业的结合成为一种可能，在当代传统文化活态传承的方式下呈现出创意化的特征。文化创意产业作为一种新型的经济模式和商业模式正在世界范围内兴起。文化创意是 20 世纪后期开始发展的文化产业核心理念，其实质是个人灵感对集体记忆资源的酝酿生成产品。文化创意的核心在于人与文化的关系，也就是从人与文化的互动过程中理解和认识文化创意的意义及其产生机制。以现今文化产业的概念讲，文化创意就是知识产权化，也就是 IP 化，它以独特的思维和创新意识去开发、生产并传播具有商业价值的作品或项目，从而获得经济回报与市场空间。这种 IP 化创意作为一种公共文化产品，已经不是"原汁原味"的原生态文化了，而是可能包含着传统文化活态传承所需要的文化价值之一，更是活化和激发传统文化之灵气、精神的文化。真正认真面对历史的文化创意，就是让历史重新说话的尝试。在当代社会，文化创意产业已经成为一个国家和民族经济增长的重要动力来源。

（三）审美创意与文化互享

众所周知，非遗美学中所具有的审美创意，源于不同历史文化背景下文化群体各具特点的文化生产，将文化多样性价值展现出来。非物质文化遗产以其独特的艺术魅力吸引着不同层次的受众，为我们带来新的审美感受与思想体验。这一文化多样性的形成，其意义是在当今全球化语境中，将位于边缘或者压抑文化群体本身的集体记忆和情感认同进一步激发和唤醒。在这一过程中，非物质文化遗产所蕴含的独特魅力得到彰显，并成为一种新的文化身份。正是由于这一身份意义的存在，文化建设表现出对当代文化冲突问题的重视，并且也将推动世界文化协调发展的初衷展现出来。虽然全方位促进文化多样性建设的本意是为了维护世界文化发展的多样性，但是这一努力是否可以顺利化解当前文化存在的诸多危机，目前还不得而知。主要是因为，在这个过程中我们面临着一个如何认识文化多样性保护、发展的价值取向以及如何处理好各种利益相关者之间利益冲突的现实难题。文化互享中的交互主体性和对立中的多元主体性，其最大区别是文化互享是不同文化主体间承认并存、交往互动的关系。文化共享的前提是在承认文化差异性存在的基础上做到相互尊重与平等对话。不同文化主体间的互动，是对他者主体性的认可，也是对自己他者性的认可。

二、创意产业的审美内涵

创意产业的产品是文化产品，因此具有独特的审美特征和内涵。我们都知道创意产品在后工业时代的背景下，既是商品利润的争夺，也是一场文化之争。非遗美学作为一种艺术形态，具有独特的社会功能与人文内涵，它通过"物""人"以及"心"三者之间互动建构出一个新的存在方式——生活美。文化产品要经过审美才能进入市场，同时市场也是需要审美的。当代国际经济实践表明，占文化优势的国家，其文化产品更能够为他国接受，而其中的关键之一在于审美的接受。美国好莱坞电影所到之处，就一定有美国商品存在。因此，民族的、地方的审美意识就是创意产品的美学特征之一。

凯夫斯的《创意产业经济学：艺术的商业之道》认为，创意产业及产品是关注于传统的，以文化产业满足人们外显需求的经济模式，创意产品是以信息网络技术作为创意产业的主导形式的产品。这表明，创意产品离不开文化和现代传播手段。法兰克福学派认为，创意产业可以说是艺术生产的一种业态，应通过文化需求的深化，满足社会的隐性需求。所以说，艺术生产也是创意产品的美学特征之一，创意产品必须首先是文化的、审美的艺术作品，其次才是商品。

文化的多样性是世界文明的一个基本特征，因此，在当代生活中，有各种各样的心理需求。有些是良性的，有些是恶性的，但不管怎样，这些心理需要都必须通过一定的形式宣泄出来，而创意产品就是要能满足各种心理需求。

创意产品要适应人们的不同审美心理，举凡影视产品、手工产品、民俗饮食等，都应与人们全方位的综合性审美心理需要对应，其中非常重要的是能够引起人们在使用产品时的审美愉悦，顺应当代社会"娱乐至上"的心理需求。在我国传统庙会中，人们是在审美过程中接受商品的，并且这种审美少说教，但具有潜在的审美功能。与此相适应地，创意产品力图创造引人入胜的情景，把消费者变成审美观众。在这个意义上讲，非遗产品就是创意产品，传统表演、工艺、饮食等，都能够让消费者得到心灵和感官的双重享受。

现代科技的迅速发展，尤其是传播技术的发展，为创意产品的发展提供了极为广阔的空间，同时也提出了更高的要求。现代科技本身就具有审美功能，并且通过科技手段给人们带来全新的审美愉悦。现在是视觉文化时代，科技的发展使得人们的审美对象从文字语言转向图像，从以语言为中心转向以影像为中心，审美感性尤其突出。在多数时候，审美愉悦是第一位的，甚至是唯一的。

文化艺术产品的一个重要功能就是缓解心理压力，只有满足消费者的心理需要，创意产品才能完成审美过程并为消费者接受。各种各样的穿越小说、影视作品，充分满足了人们的奇幻想象；动漫具有的超现实、重组时空的特征，使得动漫产品能够通过各种手段最大限度满足人们的审美消费心理。

在艺术形态上，绘画艺术也发生了变化。绘画原本是把时间中流动的意象凝结为空间中静态的画面，但在现代科技条件下，一切都可以被打破，这就产生了新的审美需求，满足人们的心理需要。尤其是运用科技手段可以达到时空重组的效果，已经突破了平面艺术和影视艺术，审美效果极为震撼，充分满足现代人的审美需要。

2019 年 7 月 26 日，动画电影《哪吒之魔童降世》在中国内地上映。该片取材于中国神话"哪吒闹海"，以幽默诙谐的叙述方式讲述了哪吒虽"生而为魔"却"逆天而行斗到底"的成长故事。该片上映后收获内地总票房 50 多亿元人民币，成为有史以来票房最高的国产动画长片。澎湃新闻评论该片虽有少年热血动漫痕迹，但不失为一部好电影，因为它做到了"讲好故事，不说教"，避免了常被诟病的国产电影"低幼化"倾向。《哪吒之魔童降世》基于本土文化立场和时代背景重构英雄神话故事，是对中华优秀传统文化的深度挖掘与继承创新。

此外，人们对于形式美有更高的要求，举凡人物造型、服饰、颜色、背景等，都要求达到内心的需要。这既是挑战，又是机遇。只要能满足人们的审美需要，创意产品就能细分市场，获得观众和消费者。

三、非遗创意的审美功能

在开发非物质文化遗产的资源时，其涉及的相关产业所体现的审美功能要符合大众需求的艺术追求，同时也要符合大众心理中与时代同频共振的文化取向，因此与广大消费者产生了普遍的共鸣。如今随着时代的进步与社会的发展，许多民俗发生了改变，很多非物质文化遗产发展的创意文化产品具有与一般形式的文化产品不同的审美功能。只要充分挖掘非物质文化遗产的精神内核，将其运用到时代发展中去，与时代的内涵、人们的心理相适应，就能受到民众的广泛认同。非物质文化遗产是我们的珍贵文化遗产，体现了中华民族的精神财富。今天的非物质文化遗产的创新，不仅有大众的日常审美，对精神家园的建设也有深远的影响。现代社会各方面的竞争与生存困境充斥在人们的精神领域，带来的是巨大的压力与困惑，从非物质文化遗产中可以得到舒缓压力、获得动力的能力，能够静下心来去感受古人的智慧与创造力，而那种勇于与自然抗争的精神，在任何恶劣的环境之下都有所创造的能力是值得后人学习的。

现代技术给非物质文化遗产带来了一定的消极影响，其中生存困境是最大的影响，另外，现代技术又为非物质文化遗产的现代转化产生了积极的影响，为它的可持续发展提供了更多的可能。从创意产业的视角来看，非物质文化遗产的原生态资源是一笔宝贵的财富，具有独特的审美意蕴，把现代技术比如新的创意技术、新的高科技技术运用到非物质文化保护与传承上，加入当代的审美观念与生活元素，赋予非物质文化遗产新的审美功能，实现自身价值与社会价值。

非物质文化遗产的文化创意还表现在人们在继承的过程中赋予非物质文化遗产以新的审美内涵，不断扩充着其在审美功能上的外延。舞龙、舞狮艺术是我国民间在节庆、大事等时节经常见到的一种非物质文化遗产表演形式。舞龙舞狮是集舞蹈、造型、武术、音乐等为一体的综合表演艺术，从文化寓意上看，龙和狮子都是古代人们的吉祥物，其中龙的形象代表着皇家的权威，是一种权威的象征。在汉代，舞龙最早是作为人们祈雨祭祖的仪式；到了唐宋时期，尤其是唐朝，随着国力的强盛，舞龙开始盛行。舞龙一方面是对上天的崇拜与尊敬，借此可以祈福上苍，国泰民安。在表演过程中，民间艺人根据表演的需要与大众的心理，不断加入许多元素，呈现出表演与娱乐相结合的艺术方式。现代舞龙舞狮加入更多的表演艺术，通过技艺的提升，配以热烈激昂的锣鼓，营造出喜庆、热闹的氛围，所以舞龙舞狮在继承古代仪式化、形式化的基础上又加入了娱乐的、消遣的审美功能。充分挖掘非物质文化遗产中的审美元素，将其中的创作原型、灵感与新的文化灵感、创意相联系，使之成为新的艺术创造并不断发展。在非物质文化遗产中，一切存在形式包括民间文化、民间艺术、传统技艺、服饰、礼仪等等，都具有重要的审美功能，可以看到现代的工艺、美术、影视等优秀的文化创意产品都从中有所借鉴，使非物质文化遗产具有了新的、适合当代发展的活力。

四、非遗的创意美学路径

（一）以物质为载体，以精神需要为切入点

许多非遗都有它的物质载体，比如船模、漆器、布鞋等，在现代社会，物质文化的价值有些已经高于其中的精神内涵和价值观念。当人们闲暇下来，娱乐比较多的时候，就可以看到比较纯粹的、原生态的东西，其中包含的非物质性就会更多一些。在过去的年代，农民半年辛苦半年闲，闲的时候找乐子，才会因此产生了多种多样的艺术形式。

文化的消失和替代是正常的，但一些精神层面的东西是不可能消失的，因为古人和今人都有一样的需求，一样地面对生死，一样地面对自然，一样地面对人

和人之间的关系。不是所有的非遗都要转化为产业，很多只是为了满足人们的精神需求。

非遗往往会跟民俗联系在一起。现在毕竟不是农耕时代，集体劳作的氛围越来越淡。非遗因此具有了时空的特征，根据生活的需求不断变化才是非遗的本质。我们往往对原真性有一种僵化的理解，但只要不是扭曲破坏，变异性正是民间文化关键的特性。精神文化要通过自己的方式传承，精神文化的传承往往又存在隔阂。如果要把非遗转化为经济效益，必须首先尊重它、理解它、知道它的功能，非遗的价值不能放错地方。

（二）以现代消费群体和消费意识作为生存环境

人们的关心和热情，正是非遗生命力的体现，也是其传承之根本，失去民众的关注和热情，亦失去其赖以生存之土。作为文化产业的重要组成部分，文化产品既可以为经济增长提供新动力，又能推动社会发展。在全球化和五彩缤纷的现代社会进程中，我们必须正视非遗面临的现实困境和危机，唯有紧随时代步伐，更新观念、应时而变，抓住和当代人审美情思的共振之处，努力创作出充分展现时代生活的优秀新作，才可以真正让处于困窘状态的非遗再现活力。非物质文化遗产是民族历史记忆中最珍贵的遗产，人类社会发展到今天，非遗被赋予了时代气息，并且非遗的出现和存在，则为人们提供了传统文明最深层的根源养料，这一双向效应是不容忽视的，应该给予一定的重视和关注。

伴随着全球化脚步的加快，工业流水线上生产出来的文具、玩具、纺织等产品走向全球市场，中国与地球村的紧密联系更让人感受强烈。就在这个商品消费的时代，带有明显地域性、传统性的工艺美术将不仅为人所欣赏，而且承担起了在消费时代被现代人消费的使命，非遗适时满足了后工业时代人们不断增加的多元化精神需求。

非遗可以适用于室内装饰，尤其是室内运动会开幕、比赛现场；还可以在地铁等一些公共空间，把观感上的震撼力和冲击力放在第一位，剪纸、鱼灯、车灯、彩绣等作品会有非常好的效果。非遗本身所具有的品德、技艺、艺术价值、方式感和观赏性，会深深地感染着每一个人。正是在那一刻，观众不再关心扮演者是否有苗条的身体、靓丽的外表，举措是否符合标准，人们完全被艺术的实在形态和原始性吸引。

（三）以现代工业设计架起传统工艺与现代生活的桥梁

现代工业设计与传统技艺的完美结合可使传统工艺美术的应用内涵不断拓展。由于非遗与现代工业设计的紧密结合，传统文化正在焕发出新的生命力。

在非遗的环境空间设计上，可以让剪纸等一些非遗产品"走出"镜框，走进公共空间，如地铁出入口的玻璃就将平面艺术与空间进行了结合应用。剪纸艺术作为一种二维平面艺术表现形式，也要"立起来"，立到生活空间中，这是需要结合环境空间进行现代设计创新的。能够在公共休闲场所与传统民间工艺相伴，市民会觉得很新鲜、很漂亮。那些非遗经过知名设计师操刀设计，不仅现代感十足，还不失文化底蕴。

现在，"传统工艺 + 现代设计"的创新模式使一些已经濒于脱离现代生活的手工艺在现代生活中重新获得生命力。我们经常看到，时尚杂志向我们展示那些从地域性手工技艺演变而来的现代家居用品，其实它们都是传统手艺，但是能卖得非常贵！

现代设计加本土化等于再创作。现代空间的想象力和力学理论基础能够帮助设计师在非遗再创作上不断创新。创意和设计来源于生活本身，在生活中找灵感，确定主题后，就可以进行创作元素和新的分主题的发掘。从图纸到最终让人震撼的成品，需要加强对于设计图纸的二次创造能力。事实上，在全球化不断推进的时代中，传统工艺美术产品要在国内和国际上取得成功，必须将非遗与现代设计文化、现代科技相融合，使设计的全球化与本土化的再创造相互作用。

具体来讲，设计师在再创作非遗产品时，立足于本土文化，开发符合地方民众消费习惯和文化取向的设计，同时，又能够根据传统的非遗表现语言，在设计从图纸到完成的过程中进行二次创造。

（四）以品牌为招牌坚持走创新之路

1. 打好文化品质牌

进入 21 世纪以来，随着社会生产力的发展和人民生活水平的提高，广大民众对与自身息息相关的消费品的品质要求也越来越高，消费品呈现出多元化、个性化和精品化的趋势。作为工业化大生产的有益补充，传统手工艺发挥其技艺高端、品质高端的优势，借多方协同发展之力，激发高端市场潜力，形成高端消费氛围，成为振兴传统手工艺发展可能性的重要渠道。传统手工艺行业创立知名的手工艺品牌，其途径主要有以下两种：

一是通过非遗传承人的高超技艺及个人广泛的影响力，创建个人工作室或者作坊，用传承人的名誉作为价值保障，制作少量收藏品和以个性化定制为主要形式的精品，创造出富有个人风格特征的手工艺品牌。设计开发与制作工艺独特、品质上乘的手工艺术品并将其推向市场，使之成为有一定文化内涵且具有商业价值的艺术品。对于此类具有工坊性质的个人品牌而言，应该鼓励传统工艺从业者在创作作品的时候，对产品署名或者用手作相应的标识，引导其注重诚信和信用，通过打造高品质、个性化产品，逐渐让品牌知名度得到快速的提升和发展，获得市场认可，从而最终向艺术化和高端化发展。

二是努力培育和打造具有民族特色文化的传统工艺知名品牌，从总体上创建某一手工艺门类产品的品牌，以市场为导向，积极引导企业或者个人作坊、工作室树立品牌意识，并在此基础之上进行创新发展，使其具有更高的品牌价值和商业价值。借助设计和制作水平的提升和改进，让传统工艺在传承能力与再创造能力得到增强的同时，不断提高行业管理能力。通过实施品牌战略，提高产品竞争力，促进产业升级，实现经济发展方式转变。对品牌战略意识进行不断地强化，稳步树立品牌文化意识，强化品牌宣传，创建知名的手工艺品牌，在品牌建设方面要注重对传统工艺的挖掘、提炼和升华。当前，传统手工艺行业普遍的做法是将创建企业及品牌文化，同选入四级非物质文化遗产代表项目、"中华老字号"与其他文化标识结合在一起，这就要求企业要从宏观上对传统手工艺产业进行整合规划，使其成为一个完整产业链中不可缺少的一部分。在此基础上，企业要有针对性地引入商业品牌营销模式，通过树立品牌形象、确保产品质量以及加强商业宣传等，使传统手工艺品牌走上高端化的道路。当然，也要看到随着我国经济实力的提升和社会文明程度的提高，人们对生活品质的要求越来越高，传统手工技艺作为一种独特的精神产品正逐渐受到社会各界的关注。令人欣慰的是近几年陆续涌现的手艺人，其个人品牌价值已经获得了市场的肯定，诸多优秀的青年创意人才不断涌现，同类型手工艺聚集效应在许多地方已经形成，这些地区的一些传统手工艺人甚至开始创办自己的手工作坊或工作室，从事手工艺品制作及相关产业经营，并获得相应收入。所有这些，使传统手工艺的制作在商业化策略的推动下，走向高端化的探索。

2. 挖掘企业文化内涵，树立品牌形象

以"笔墨当随时代"为主旋律的西泠印社与充满朝气、向往自由的年轻灵魂同频共振是"老字号"重新拥有"少年气"的关键所在。百年老社的改革之路由此开启。

改革后的西泠印社，大量人力被解放、被激励，各种灵感的火花随之迸发出来。"西泠印社"这张一度蒙尘的金名片，被重新擦亮。

在这一过程中，西泠印社将弘扬传统文化与"篆刻""非遗保护"相结合，通过吸引相关领域权威专家、学者、精英，努力打造在全国甚至世界范围内有影响力的文化活动和品牌项目，其中"百年西泠""孤山证印"等系列品牌涵盖艺术创作、学术研究等领域。

西泠印社将深藏"闺阁"的文物"请出来",策划组织《中国珍稀印谱原典大系》《沙孟海全集》等一批重点出版项目,推出《西泠印社社藏名家大系》丛书。围绕艺术品收藏,西泠印社打造"西泠拍卖"的项目,综合排名稳居全国前三;在淘宝开网店,主打高端篆刻工具和文房四宝,逐渐形成了一条集图书出版、拍卖交易、展览展示、文创设计、文房用品销售、鉴定评估、发展投资、论坛培训于一体的艺术品产业链。

一路走来,艺术和经济联动发展、相互促进,共同铸就"西泠印社"这一经典 IP。纵观市场,不少"老字号"转型发展的过程仍然艰难。它们推出的产品,或是千篇一律,只有传统特色而缺乏商业卖点,或是商业气息过浓而掩盖了传统文化特质,"叫好不叫座"的产品为数不少。

所以,有了大 IP,如何将其开发好、利用好是所有"老字号"面临的挑战。西泠印社的探索似乎让我们看到了这道题的一种解法。

自成立之日起,西泠印社就开始售卖印谱、印章、印泥等印社"周边"。在新的市场环境下,在挖掘文化内涵过程中,西泠印社集团打造"西泠印象"品牌,设计新文房、伴手礼、知名 IP 衍生品等千余款雅俗共赏的文创产品,其中不乏"书怀"随身印章套装、十二生肖铜铸印章、西泠印社社长杯等爆款产品。

延续文脉传承、实现价值注入、重视实用功能,用创意和匠心打造具有江南风味的文创产品,成为西泠文创走红的"密码"。

(1)文创产品的破圈,离不开持续创新

集团旗下文创设计团队凭借强大的创意能力,为 G20 杭州峰会、第二届世界互联网大会、杭州亚运会等重大活动赛事提供形象设计方案,为湖州提供城市宣传与品牌视觉识别系统,为杭州部分地铁线路打造"东坡体 + 一站一印"的视觉识别系统,为杭州亚运会设计特许授权的定制"亚运徽宝",让"高冷"的文化艺术走向大众、走向社会。

把字刻在石头上,这是《三体》小说中认为保存人类文明最好的方式,也是西泠印社最擅长的事。通过与科幻小说《三体》跨界合作，引入年轻人喜爱的"萌版包装""盲盒包装"等元素，西泠文创打造了"三体八大行星图钉套装""太阳系直尺套装"等多款新奇有趣的产品，满足了"三体迷"由想象到拥有实体物品的愿望。

（2）即使百年老店，也没有倚老卖老的资格

目前，西泠文创真正出圈的"大爆款"仍然不多，与国内的"文创顶流"还难以相提并论，与其他文化产业相比规模更显狭小。在瞬息万变的市场中，为了重回高光时代，西泠印社仍需继续努力。

从孤山走进大众，西泠印社的探索向我们展示出一种可能性——在这种鲜活的生机中，我们每一个人都能平等地被文化点亮，文化也因此在传承中始终薪火绵延。

文化传承绝不是用来藏之库房、孤芳自赏的。"活的历史"，应当活在当下，活在普通人的生活中。

在中华优秀传统文化厚重的底蕴中注入时代因子，让其走进更多人的日常生活和精神世界，与公众建立共生共长的关系，这才是文化传承的关键所在。

第二节　非遗中的审美元素

一、非遗审美元素类型分析

审美元素是非遗的主要特征，主要表现为独立美、情感美、经济美以及发展美。

其中，非物质文化遗产具有独立之美。审美元素并不具有功利特性，而是对与之相对应的精神世界的充实性非常重视。非物质文化遗产具有独特的人文内涵及历史价值，蕴含了丰富的人文精神。

情感美是审美元素在非物质文化遗产当中的另一种呈现方式，主要体现在人自身审美文化和人类心灵情感之间的相通性，自身就体现出某种情感理想的物化性，可以把具有情感美的审美文化元素作为一种文化，是人和人之间感情上的衔接，同时也是自己感情的升华以及思想凝聚的直观表达，它与人们的生活和生产有着密不可分的关系，情感美不仅蕴含着对价值观、思想的抽象表达，也蕴含着夸张性的表现。

非遗作为一种传统文化资源，有着自身独特的艺术魅力，同时也具备较高的美学内涵与历史意义，能够将人们的情感融入其中。当非物质文化遗产中的审美元素表现为消费性的时候，它所拥有的经济美就比较明显和突出。就非遗审美文化的消费性而言，它所拥有的十分明显和突出的三方特质，即精神、经验和娱乐，充分满足了当下广大人民群众对非遗非物质文化遗产审美文化的实时诉求，让人的神经可以获得快感、轻松和愉悦，使人的精神层次得到一个较大幅度的提升和发展，有效借助其中蕴含的审美文化，对政治、社会和经济的发展有一个整体的认识，达到让人们正确认识人生观、价值观以及世界观的目的，从而将经济美的实质价值功能发挥出来。

非遗文化审美元素所表现出的发展之美亦是文化自身所具有的比较明显的特征之一，非物质文化遗产中文化审美元素的发展美会让它自身受到民族、时间、地域的限制和束缚。非遗文化的民族性与世界性特点，使公众崇尚和推崇它的接受度、认可度并不低。

二、非遗审美元素功能分析

（一）非遗审美元素传承性

非遗审美元素的作用主要表现为：它可以让文化精神之美得到强化，做到充分有效的全方位传承和发展，根据实际发展情况看，非遗是我们人类历史发展过程当中的文化珍宝和精华，并且文化始终贯穿和渗透其中，同时其审美元素具有的多元化和多样性，在一定程度上有效地将非遗自身的实质性价值作用充分反映出来。站在非遗的独立美与无功利特点的层面来看，非遗文化当中表达的感情，基本上均通过审美元素体现出来，以及这些文化所展示的其他要素，如知识、社会等也使对应的受众人员基于对文化审美要素的了解，在精神层面完美契合的同时也在文化层面形成共鸣，进而让整个非遗传承文化中的精神之美被有效地广泛推广、宣传和传播。

（二）非遗文化审美元素对人格人性的塑造

非遗中审美元素对塑造个性的人性之美的作用亦更为突出和明显。非遗是我们人类发展过程中的思想结晶，是传统文化乃至社会道德整体的总体概括与精炼，所蕴含的精神内涵对于人格塑造来说，是非常关键和重要的。在价值理念、社会思想等多个方面，非遗有着十分严格的标准限定，在潜移默化当中起到影响人格塑造的作用，所以重视和强调非遗当中的审美元素对人格人性美的形塑功能，从某种意义上更是保证我国非遗价值得到充分体现的先决条件。文章主要就非遗审美元素对于人格塑造影响进行分析探讨，并结合作者工作经验提出相关建议，以期对非物质文化遗产美学特征及艺术魅力予以进一步认识了解，促进我国精神文明建设发展进程。例如，《格萨尔》作为藏族的一部史诗，非常直观地将藏族人民的风俗习惯、社会历史等方面呈现出来，其中"保卫盐海"就将格萨尔王在敌人兵临城下时的不畏艰险、英勇善战、聪明绝顶的理性军事家形象表现出来，格萨尔王以宽宏善良的天性感化了仇人，换来了一场彻底的胜利，也换来了一段和平，宽仁美德、感恩之心得到了肯定和认可，全篇主旨深入人心。除此之外，藏族其他史诗故事所崇尚的智慧，也为藏区良好社会风气的形成奠定了基础。非遗的审美元素功能对于促进社会和谐稳定方面作用明显，不仅能够增强民众凝聚力，还能有效提升民族认同感与归属感，从而进一步加强全民族向心力。所以，从整体上看，非遗的审美元素功能具有塑造个性人性美的重要作用，对于社会整体发展的稳定性具有不容忽视的促进意义和作用。

第三节　现代美学视角下非遗产业开发

一、非遗的审美价值与经济价值

（一）非遗的审美价值是发掘其经济价值的重要参考

文化遗产和自然遗产都是因为它们具有突出的、普遍的美学价值而受到重点保护，并在这种保护中宣传、阐释、传播、颂扬它们的美学价值。换言之，非物质文化遗产的相关审美是当代人们获得审美愉悦、获得精神审美满足的重要形式，并为产业化开发奠定了基础。以影响广泛的民俗类非物质文化遗产为例，由于民俗有着很高的审美价值，能够满足人们的心灵和精神的审美需要，因此发掘民俗的审美价值对经济建设起着积极的作用。它是文化经营的一个重要方面，是文化产业的重要组成。

（二）非遗能够通过经济价值的发掘拓展审美价值的认同范围

在非物质文化遗产产业化开发过程中，部分遗产形态被过度开发，甚至被破坏性开发，引发了如何实现非物质文化遗产生产性保护、将传承保护与创新开发有机结合的讨论。其重点就是非物质文化遗产的经济价值对审美价值的影响问题，即经济价值过度开发对审美价值造成了破坏。但问题还存在着另一个层面，即如果能够准确把握非物质文化遗产的价值属性，遵循其发展的文化规律、审美规律和经济规律，那么其相关创意形态将推动非物质文化遗产审美价值的当代转换与传播，赢得大众对非物质文化遗产的认同与接受，进而推动对其的传承和保护。

2019年11月2日，"设计中国·魅力汉字"主题展在雅典扎皮翁宫拉开帷幕，展览分为"汉字的历史与艺术""汉字与中国人的生活""汉字的设计与文创""中国与希腊""汉字的信息化与汉字的传播"五个部分，以汉字为中心讲述汉字对推动中华文明发展以及促进世界文明交流所做的贡献。展览现场气氛热烈，一些外国友人穿着带有汉字的服装合影拍照。特别是放有笔、墨、纸、砚"文房四宝"的互动区成为热门的"打卡"景点，进而带动了景区的经济发展。该展览以汉字为媒介搭建起中国文化与希腊文化交流的桥梁，建立了中国文化与海外受众的新连接。国外友人可以在现场感受汉字的魅力，这种体验式传播场景是中国文化在他国文化语境中"活化"的体现。

（三）非遗审美价值的现实影响力是其产业化开发评估的重要指标

非物质文化遗产的产业化开发，从投资角度来看，自然要追求经济价值的最大化，但从文化传承角度来看，绝不能以牺牲非物质文化遗产自身的文化价值、审美价值、精神内涵等为代价。要杜绝破坏性开发、过度开发等不良现象，就必须建立一套系统的、科学的、产业化的开发评估方案，其中审美价值的影响力评估应是一项重要指标。非物质文化遗产的审美价值研究能够为产业化提供可操作性评估。一方面，通过对非物质文化遗产所具有的审美形式、审美价值、审美精髓，与当代审美趣味、审美风尚之间的契合度、兼容度的理论研究，对其产业化的可行性、转化形式等进行评估；另一方面，通过对其审美价值的大众认可程度、传播范围、审美期待等的实际调查研究，进行市场开发前景等的评估。在此基础上进行非遗的产业化开发，才能与当前文化消费审美化的趋势相一致，才能在合理利用的基础上推动非遗的传承与保护。

二、非遗审美对产业化开发的支撑

首先，非物质文化遗产审美的"丰富性"与当代审美的故事性诉求相契合。

非物质文化遗产资源作为历史的"活化石"，具有深厚的文化底蕴和丰富的精神内涵，为非物质文化遗产资源的多元性审美阐释提供了可能与空间。尤其是在非物质文化遗产的历史传承与创新过程中留下的"故事"，已经成为当前电影、电视、动漫、舞台演艺等缺乏原创性优秀故事创意的产业得以发展的捷径。如 2021 年拍摄的电视剧《梦华录》，其中一段精彩的宋代斗茶表演实力"抢镜"，来自福建武夷山的古老非遗技艺——茶百戏颇受关注。在茶百戏"火出圈"的背后，鲜为人知的是，它曾几近失传。据了解，茶百戏始见于唐代，盛行于宋代，深受皇帝和大批文人推崇，武夷山的历代名人如宋代白玉蟾、朱松都留下许多点茶、分茶的诗词歌赋，但到元代后，茶百戏开始衰落，到近代后几乎淡出大众视野。当代审美在内容方面对故事性的追求和优秀的原创性故事内容创意的匮乏，共同促使"内容为王"的创意产业形态给予非物质文化遗产中直接的和间接的故事性内容前所未有的重视。

其次，非物质文化遗产审美的"生活性"与日常生活审美化诉求相契合。非物质文化遗产具有鲜明的生活性特征，它所呈现出的艺术性与日常生活的审美性有机地融为一体，形成于日常生活又复归于日常生活，从而将生活片段、生活场景等从平凡的生活之流中分离出来，以"间离化"的方式赋予日常生活以美感。民间音乐、民间舞蹈在婚丧嫁娶、各种庆典，以及春节、元宵节、中秋节等重大节日中的运用，既是人们表达情感的需要，又通过节奏化、仪式化等形式赋予生活内容自身以审美性。传统美术、传统技艺的艺术产品，则充分满足了美化居住环境、仪式场景等的愿望。如果说传统戏剧和曲艺是闲暇生活审美活动的集中展开，那么，民间文学则是民族诗性思维的典型体现。由此可见，非物质文化遗产关涉的审美，实质上是日常生活与审美密切关联的形式。当前，在文化创意产业蓬勃发展的推动下，"美"与"艺术"向生活进一步敞开，日常生活日趋审美化，审美化生存已经成为后现代社会的重要特征。这一发展趋势也内在地决定了文化创意发展过程中对生活化、审美化的追求。正是在生活审美这一基点上，非物质文化遗产审美与文化创意达到了高度契合。

最后，非物质文化遗产审美的"身体性"与重体验的休闲娱乐诉求相契合。非物质文化遗产审美具有鲜明的身体性特征，这体现在非物质文化遗产的美学是一种身体美学。在非物质文化遗产关涉的审美形式中，审美主体的身体性参与、身体性体验是审美活动展开的重要内容。如传统戏剧、民间舞蹈等表演性艺术，审美主体通过模仿、参与的方式进行感受与体验；作为通过身体进行传承的遗产，武术在亲身实践的传承中展现武术之美、身体之美；以各种节会为代表的民俗，更是强调节会氛围、节会仪式等的身体性参与和身体性感知。非物质文化遗产审美体验的身体性，与当代休闲美学所注重的身体性形成对接。随着人们物质生活水平的提高，人们越来越注重节假日休闲旅游活动，重视在休闲体验活动过程中对所欣赏对象的具体参与。非物质文化遗产对大多数人而言具有新奇性，因而，亲身体验它的文化魅力就成为文化休闲娱乐、满足精神文化需求的重要形式。

非物质文化遗产内容的丰富性，审美的生活性和身体性，为其产业化开发提供了可能，但在具体的产业化实践中，并非所有的非物质文化遗产项目都能实现经济价值的成功发掘。非物质文化遗产产业化过程中出现的经济价值的发掘造成的非物质文化遗产自身所蕴含的审美精神、文化价值等的扭曲甚至抽空，非物质文化遗产的"非专属性"造成的代替开发、他者开发（中国的非物质文化遗产成为以好莱坞为代表的"他者"赚取经济利润的符号）等问题，呼唤着学术界深化对非物质文化遗产审美的研究。

三、非遗审美对产业化开发的制约

（一）非遗审美形式有待向当代审美形式转换

非物质文化遗产具体门类所归属的艺术形态，其产生、发展均有自身的规律。

073 --

尤其是对根植于生活的非物质文化遗产而言，生活境域的变迁直接导致了非物质文化遗产形态与其赖以存在、发展的生活环境的抽离。与此相应，非物质文化遗产审美经验与当下生活的经验之间出现了裂痕。非物质文化遗产所赖以传承的受众的审美趣味发生了转变，获得精神满足的审美形式已经转向影视动漫、当代演艺等当代审美形式。非物质文化遗产审美的受众群体或是日趋小众化，或是严重萎缩，甚至消失。所以，民间音乐、民间舞蹈、民间美术等审美形式虽然在节日、集会等场合依然能够看到，但相较于当代流行音乐、当代舞蹈、当代绘画而言，它们已经丧失了原有的阵地。即便是现在影响依然很大的节日民俗，受当代生活经验的影响，原有的审美元素、审美内涵、审美精神严重流失，外在形式的传承已经远远超过了内在文化精神的传承，甚至形式也在发生变异，如媒体所热议的端午节、春节等重大节日的变化便是如此。尽管如此，这些具有深厚文化积淀的审美形式，仍潜藏着人们的审美记忆，具有巨大的潜在审美感召力。因此，如何在审美形式层面实现非遗审美向当代审美的有效转化，已经成为非物质文化遗产产业化开发获得深化与提升亟待解决的问题。

（二）非遗审美价值有待向当代审美精神转化

非物质文化遗产自身蕴藏着丰富的审美价值，既包括能够与当代审美精神相互对接的审美价值，如对真善美的追求、"和而不同"的和谐思想、"天人合一"的思想等，也包括很多为当代审美精神建构并得到有效传承的优秀传统审美价值，如诚、信、敬、恕、义等价值理念。这些价值理念具有鲜明的传统文化烙印，其价值取向、价值理念与当代审美精神有相互矛盾之处，有待进行发扬和遗弃的继承。另外，非物质文化遗产内容中亦存在与当代审美精神相冲突的审美价值。以《赵氏孤儿》为例，原有内容中"复仇"的价值观念与当代审美精神无法吻合，但剧中程婴的大爱、公孙杵臼的仁义等扬善的审美价值取向，却成功转化为当代戏剧、影视作品重塑"赵氏孤儿"的生长点。可见，在非物质文化遗产开发中，必须准确评判其中所蕴含的审美价值，并从中找到与当代审美精神的契合点，才能打破审美价值错位对产业化开发的制约。

四、文化创意与非遗审美的当代转换

首先，依托内容创意实现非遗审美价值满足当代受众的审美目的。当前，内容创意是产业化开发非物质文化遗产资源的主要方式。其中，对民间文学、传统戏剧、曲艺等非物质文化遗产形式所承载的内容、价值等进行当代解读、当代阐释，取得了非常显著的成效，如民间文学中的白蛇传说、梁祝传说、董永传说等。同时，在依托非物质文化遗产形式对当代生活经验、生活内容的艺术发掘方面，也取得了一定成效。如利用传统戏剧、曲艺等形式展现当代社会生活等。另外，非物质文化遗产自身发展经过的历程、涌现出的杰出人物和代表性作品辗转流传的历程等，也成了当代内容创意发掘的素材资源。如少林武术、太极拳、京剧的代表人物、传奇故事等。但整体来看，受制于优秀文化创意人才匮乏的困境，内容创意依然具有极大的提升与拓展空间。

其次，依托符号创意发掘非遗审美在当代受众中的潜在影响力。符号创意重点在于通过文字、形象、色彩等元素媒介提炼非物质文化遗产的文化精神、审美价值，形成独具风格的文化符号。对于在国内乃至国际上具有广泛影响力和鲜明的中国文化特征的非物质文化遗产，应强调符号创意发掘的路径，发挥非遗自身潜在的品牌效应，从而发掘非遗审美在国内、国际受众中潜在的巨大影响力。如故宫中另一项广受好评的文创产品"顶戴花翎伞"（图2-3-1），它将游客在故宫里行走游览时需要遮阳的需求与古代进宫朝圣的大臣们所戴的"官帽"相联系。一方面满足人们的需求；另一方面使游人自动代入故宫的历史氛围中，实用又富有趣味，对于推动博物院文化传播以及提升文创产品的文化价值都具有参考意义。另外，符号创意有助于文化品牌的形成和传播，应受到高度重视。

图 2-3-1　北京故宫博物院文创产品——顶戴花翎伞

最后，依托形式创意实现非遗审美与当代大众审美形式的对接。审美具有鲜明的时代性特征，要通过文化创意对非物质文化遗产进行产业化开发，便必须创作与生产出具有当代审美特征、符合当代审美趣味的文化产品。从审美形式层面来看，就是要充分发挥文化创意的功能，综合运用当代艺术手段和高新科技，或依托当代流行的审美形式，或创造出符合当代审美发展趋势的审美形式，进行创意开发，实现非遗审美与当代审美的对接。这方面不乏成功案例，以大型实景演出为例，由张艺谋打造的《印象·刘三姐》，便是通过当代声、光、电技术和舞台演艺的完美融合，来实现对国家级非物质文化遗产《刘三姐歌谣》的产业化开发；由谭盾打造的《禅宗少林·音乐大典》，则是对国家级非物质文化遗产少林功夫的审美功能和其所植根的佛教禅宗文化进行的融合式产业化开发。在审美形式的当代转换过程中，深度挖掘非物质文化遗产所蕴含的文化精神、审美价值等核心内容，既能够实现非遗自身"文化软实力"向"经济硬实力"的转变，又能够在形式创新发展过程中实现非遗的传承与保护。

我们应该清楚地看到，部分文化创意尽管在非物质文化遗产产业化开发过程中发挥了巨大作用，但也因其过于注重迎合当代审美趣味、过于强调经济价值而忽视非物质文化遗产的文化价值与审美价值等，对非物质文化遗产带来破坏而遭受批评。其原因在于，在实践层面上，既熟悉当代文化创意产业发展又高度熟悉非物质文化遗产的优秀创意人才非常匮乏；在理论层面上，存在对非物质文化遗产传承保护意识不足、功利主义严重、对大审美经济认识不足等问题。如何诉诸优秀的多元的文化创意形式，在传承非物质文化遗产文化精神、审美精神的基础上，实现对适宜于产业化的非物质文化遗产形式进行产业化开发、创作和生产出具有当代审美特征、符合当代审美趣味、引导当代审美品位提升的文化产品，已经成为非物质文化遗产产业化开发在美学维度上亟待解决的关键问题。

文创理念是一种基于当代文化产业和创意产业发展与实践衍生出的一个新兴理念，与新时代文化创造与追求相契合，并且符合后喻文化时代青年人"胃口"，可在一定程度上增强文化的凝聚力、吸引力、传播力、感染力。本章主要分析了文创理念的内涵、多重视角叠加的文创理念、"文创＋"思维在各领域的拓展三方面的内容。

第一节　文创理念的内涵

在百年未有之大变局下，世界舞台中心和塑造人民精神文明成为当今中国最鲜明的时代发展主题。在 21 世纪的世界格局中，中国过去的千疮百孔已慢慢愈合，以新姿态、新形象重回世界大舞台中心，并打开了一扇世界了解中国的窗口。而在物质资源极为丰富的年代，精神归属问题逐渐浮现，人们时常在享受快乐网络购物的同时，却又陷入自制力的自我矛盾与纠纷之中。高铁、共享单车、网络购物、支付宝，中国"新四大发明"的产生，满足了人们对于物质精神的追求，但也带来了消费和情绪上的"瓦解"。虚无缥缈的感性物质，无法成为一个人的精神信仰。

因此，在当代中国文化发展与创新过程中，重返世界舞台中央和塑造人民精神文明成为两大"内在性冲突"。从整体角度来看，新时期文化的发展之道逐渐从衍生性和附带性轨道转向基础性、全局性轨道。并且在历史新阶段，对如何推进和部署文化发展之道提出了新要求，换言之，文化发展应跳出传统复制性、补充性思维，将文化发展视为一种传承与创新。

一、文创理念的内涵

文创理念是在当代中国文化事业与文化产业实践中形成的新观念，基础在"文"，即文化，关键在"创"，即中华优秀传统文化的创造性转化、创新性发展，目标在"新"，即要在传承和融合的基础上进行文化创新。

狭义上来讲，文创理念能够推动文化的发展，在其主导下，文化发展的核心是创新和跨界融合，为文化发展开辟出更广阔的发展空间；广义上来讲，文创理念是推动经济社会发展的新观念，其核心特征是以文化创意作为引领元素和带动力，以文化创意整合各种生产要素，以满足社会的精神需求为主要目标，打造"乐经济"与"暖发展"。

在当前形势下，周边游和自驾游成为居民外出游玩的首选。清明、"五一"、端午假期，全国国内旅游出游人次分别恢复至 2019 年同期的 94.5%、103.2% 和 98.7%。2021 年 1—5 月，规模以上游览景区管理企业营业收入同比增长 83.6%，连续 3 个月保持 80% 以上的高速增长。随着线上化、数字化向更多场景延伸，文化、娱乐、体育等行业发展机遇增多，企业经营状况不断改善。2021 年 1—5 月，规模以上文化、体育和娱乐业营业收入同比增长 56.4%，增速快于规模以上服务业企业 24.5 个百分点。

文创理念是现代文化创新发展的重要指导思想。在文创理念的指导下，文化产业能够吸引和鼓励更多的主体助力文化发展，也能让政府、市场和国际力量在文化产业发展中形成合力，结合技术的创新和发展，为文化发展寻找新的生机、新的思路和新的产业，在产业扩大和产业升级的过程中创造出更加受消费者喜爱的文化产品，在国际交流中创造更多文化内容。基于文创理念推动当代中国文化发展，体现了中华文化创造力的潜力与实力，也体现了以中华文化参与当代人类新文明建设的目标与原则。

从文创的视角进行分析，现代文创发展更关注消费者的无形需求和个性需求，并将其吸收，转化为大众的有形需求和共性需求。因此在现代文创工作中，要敏锐感知文化发展的特征，发现大众的文化需求，从多个角度寻找机会，推动文化的发展。我国文化发展在经历了改革开放后快速发展和融合吸收各国文化的历程之后，形成了极强的现代性和后现代性并存的特征。法国学者波德莱尔认为：文化的现代性即是人们在现代城市生活中的碎片化体验，其表现为人们追求"最新"，重视稍纵即逝的"片刻体验"。后现代哲学家利奥塔认为：后现代就是"对元叙事的不信任"。从人们对文化体验需求的特点中我们可以分析出，现代文化发展不能只从一个方面进行，否则就无法抓住文化发展的需求，也起不到应有的效果。从我国现代文化发展经验中我们可以总结出，文化发展应从创意、科技、生活等角度进行创新思考。

随着文化产业的发展以及文化发展中创意要素重要性的增加，"文创"成为一个热词。在对这一词语使用时，指代的对象是不同的，需要进行细致区分。理解当代文创发展特别是"文创"这一核心概念，有不同的层次，大致体现了一个由具体到抽象、由微观到宏观的过程。

第一层指的是文创产品，狭义的是以实物状态体现的文创商品、文创作品，大多以日常用品为主，兼具功能性与创意性。目前最为活跃、最具典型性的是博物馆文创产品，这也是在大众使用中最常见的产品。广义的则包括内容创意、文化服务、非实体形态的数字文创作品等。

第二层指的是文创产业。以国家统计局给出的标准来划分，文化核心领域有6个，分别是新闻信息服务、文化传播渠道、创意设计服务、内容创作生产、文化投资运营、文化娱乐休闲服务；相关领域有 3 个，分别是文化装备生产、文化消费终端生产、文化辅助生产和中介服务。根据国家统计局发布的数据，2021年前三季度，全国规模以上文化及相关产业企业实现营业收入 84205 亿元，比2020 年同期增长 21.8%，两年平均增长 10.0%，比 2019 年前三季度同比增速加快 2.4 个百分点。文化核心领域"压舱石"作用凸显。2021 年前三季度，文化核心领域营业收入 51911 亿元，比 2020 年同期增长 22.9%，两年平均增长11.7%，比 2019 年前三季度同比增速加快 0.9 个百分点；占文化企业营业收入比重为 61.6%，比上年同期提高 0.6 个百分点；对文化企业营业收入增长的贡献率达到 64.2%，分别比一季度和上半年提高 2.3 和 0.3 个百分点。其中，新闻信息服务、创意设计服务、内容创作生产等 3 个行业两年平均增速超过两位数，分别为 19.5%、16.3% 和 11.1%。另外，在文化相关领域 3 个行业中，文化消费终端生产两年平均增长 10.9%，增速明显快于其他 2 个行业。可以预期的是，随着数字时代的深度推进以及"元宇宙"概念的提出，数字文创产业将成为高增长性的产业。

第三层指的是文创事业。与文创产业相比，文创事业的核心特征是非营利性，各种公共文化服务事业、具有公共性的内容生产、创意设计等都属于此类。在我国，典型的文化事业单位有公共图书馆、档案馆、博物馆、群众艺术馆、少年宫等。这类机构在发展过程中，也日益重视创意的生产与传播，但是以影响力与社会效益为目标，不是以营利为目标。

第四层指的是文创理念，这是从观念层面来看待文化发展的新思路，强调文化的创新发展。

二、文创理念的形成

从本质上来看，文化发展是将上一代文化以"传道、授业、解惑"的形式传递给下一代，是一种对文化的代代更迭，人们可以凭借同一种文化对彼此身份进行认同，并以文化作为立身处世之根本。目前，全球各地文化的传播与扩散打破了传统民族区域空间与时间上的限制，"两代人"之间的交际与沟通被新元素、新趋势、新技术、新媒介充斥，对于年长一代的过去与理想，年轻一代可以借助网络轻易知晓。相较于此，年老一代渐渐被时代的车轮"碾压"，对这个属于年轻人的世界无从知晓。玛格丽特·米德（Margaret Mead）是著名的人类学家，提出的学说和理论，如文化决定论、代沟理论以及三喻文化理论等为现代人类学的形成奠定了基础。在其所著作品《文化与承诺一项有关代沟问题的研究》中提出，"代际的这次决裂是全新的、跨时代的：他是全球性的、普遍性的"①。在过去那个时代，年长人群如父母、师长可在结合自身经历的基础上告诫、训劝年轻一代，但玛格丽特·米德认为"在这个世界上我曾年轻过，而你却未老过"。2020年五四青年节前夕 bilibili(哔哩哔哩)推出一个名为《后浪》的视频，其中提到"你们拥有了，我们曾经梦寐以求的权利选择权利""你们正在把传统的，变成现代的""你们也在启发我们，怎样去更好的生活"等，这些似乎又与米德所论述观点有所不同，年轻一代永远是走在时代最前列的一群人，他们是奋进者、开拓者、实干者，他们在乘风破浪、披荆斩棘中开辟了属于自己的新天地，他们可以无悔地说"今天，我是你们眼中的'后浪'，我现在所经历的青春之路你们不再拥有"。

文化的传递在某种程度上被认为是一种对人类社会进步与发展的集中体现，玛格丽特·米德则将其按照不同类型进行了详细划分，即"前喻文化""并喻文化""后喻文化"。其中，"前喻文化"中的学习者多指的是后辈，而长辈等都可成为其学习的榜样；"并喻文化"则是在长辈和后辈两者之间同时发生的一种互相学习的行为；"后喻文化"则与"前喻文化"南辕北辙，"后喻文化"中长辈变成了学习者，从后辈身上汲取新的"养分"。一般，静止化的社会形态下易于滋生"前喻文化"，在该社会背景下，年长一代在年轻一代心中起到一定的榜样和

① 米德，周晓虹，周怡.文化与承诺一项有关代沟问题的研究 [M].石家庄：河北人民出版社，1987.

示范作用，人们普遍认为年长一代更具威严性，但在互联网这个浪潮中，全球经济、文化均被卷入了以电子网络为媒介的信息旋涡之中，年轻一代可将自己在网络世界遨游过程中的所见所闻与年长一代分享。玛格丽特·米德还指出，"我们今天则进入了历史上的一个全新时代，年轻一代在对神奇的未来的后喻型理解中获得了新的权威"。今天年长一代所处世界已与过往截然不同，对于新时代中的事物、形态都报以未知情绪，对此，绝大部分年长一代并未意识到自己的过去已如年轮碾过的车辙。

对于"后喻文化"，我国唐代便已经有了系统论述："生乎吾前，其闻道也固先乎吾，吾从而师之；生乎吾后，其闻道也亦先乎吾，吾从而师之。吾师道也，夫庸知其年之先后生于吾乎？是故无贵无贱，无长无少，道之所存，师之所存也。"这是韩愈《师说》的著名论断。其原义阐述的是年长者在早期实践过程中获取了很多本来年轻者尚未明白的道路，年轻者遵从并视其为师长；在年轻者之后所来到世界的人，却早于年轻者参悟了诸多道理，年轻者同样将其视为"老师"。韩愈认为在人生求知道路上，道理即"老师"，这种"老师"无年龄、地位等界限，在文化传递中也不分雅俗，因为文化本身无贵贱之分，任何人都可以担当起文化传播者的重任。

在经历过四次更新换代后，电子计算机进入实质性发展阶段。基于互联网的各类前沿社交方式逐渐兴起，如，微博、微信、抖音等，代替传统报纸、电视、广播等媒介成为新一代年轻人了解生活、了解社会、了解世界的主要平台，回望玛格丽特·米德所提出的一系列学说或理论，似乎如预言般印证着一个后喻文化时代的到来。

在对个人观点论述过程中，玛格丽特·米德最擅长的一种论证方法是"举例法"，且常以"移民"作为例证主题，之所以选择"移民"作为诉说对象，是因为移民群体的特殊性，对于移民家庭而言，若要真正融入当地社会生活，首先要认同当地社会文化，熟悉主流社会发展规则。在社交网络影响力日益扩大的今天，青年一代凭借在网络上强大的生存能力成了网络世界的"原住民"，他们对成年人或者祖辈、父辈冠以"移民"之称，"移民"群体若要在纷杂的网络世界获取更为灵活、全面的活动能力，需要将"原住民"作为学习源。且从另一角度来看，网络空间与现实空间的融合与交织日益紧密，现实空间逐步被网络空间的反渗透力吞噬，年轻一代在网络世界获得的"虚拟性"能力，逐渐在现实世界分散和蔓延。

文创理念高度关注年轻一代的文化观念、成长经历、生活态度以及行为方式，尝试通过变对立与冲突为协调与平静，从实践中找出年轻人对文化的喜爱特点和接受条件，让传统文化也能融入年轻人喜爱的文化中，激发年轻人的文化传承和弘扬意识，实现文化传递与文化需求之间的平等对话；鼓励年轻一代与文化特定的传承者一道融入文化传播者角色，将自己的热情、爱好、创意挥洒在文化创新中，让文化浸染华夏大地每一个角落；并且可以尝试借助新媒介和新技术的开放性，积极主动地拥抱传统文化，使两者产生形态和内容上的深度糅合；通过后喻文化时代文明的滋养形成独具时代特色和寓意的标志性、引领性文化，让中国年轻一代接过中国传统文化的接力棒，成为具有现代传承意义的文化携带者与传播者。

三、文创理念的实践

文化创意产业是给文化重塑一种产业化实践，从其业界形态来看，是文化产业与创意产业相融合的新产物，并在短时间内迅速蔓延至全球，在世界各地掀起了一场关于文化的"革命"。随着文创产业实践步伐的不断加快，文创产业犹如广袤的土地孕育世间万物一般，催生出了文创理念，为现当代文化的发展提供了一个自我认知和自我观察的新视角。

文创产业的快速崛起和发展是国家经济水平逐步提升，人们价值观日益多元化、趋同化，以及文化产业在实践演进和不断优化过程中的一种必然结果。在对人类文化精神产品和物质产品的创造过程进行观察和研究时，可以从生产者和使用者两个不同维度作为切入点。

无论是 5 世纪到 15 世纪的欧洲，还是南北朝至明初时的中国，文化产品一直都处于小众化"圈层"：小众化的生产以及小众化的消费。其中，文化的生产在该时期的主要形式是个性化的定制和资助。随着科技的发展，新的技术使得智能化、生态化、能源化、绿色化、规模化生产活动成为可能，这种以"大众"为核心的文化格局的形成，使得人们在文化生产过程中对"文化创意化""创意文化化"的追求欲望愈加强烈。

英国是最早提出创意产业的国家，也是将创意产业和文化产业两者完美融合的典范。在创意产业之前，20 世纪 80 年代左右，英国还仅停留在"文化产业"阶段，并对文化产业的定义进行了系统描述，即"与文化相关的商业性质的活动"。1997 年布莱尔宣布就任英国首相后，在国内成立了专门的创意小组"创意产业特别工作组"，工作组成立的初衷在于鼓励人们在经济发展中发挥个人原创力，推动整体经济快速发展。该组分别于 1998 年和 2001 年发表了一系列专业研究报告，并且在报告中对"创意产业"含义进行了有效明确，认为社会中个体的创新能力、技巧以及才华等是"创意产业"形成的基础和能量源泉，强调对社会中各类知识产权的系统开发及创新应用。"创意产业"被认为是当时极富创造力、财富力以及提高就业率的新兴产业。纵观整个产业演化进程，从"文化产业"到"创意产业"这一段路程中包含丰富的实践、活力的市场以及自发的行动等，在这一演变背景下，无论是产业形态还是消费者需求均得到了进一步转型与升级。从文化产业发展形势上来看，以文化复制为主的传统产业结构，在"创意产业"盛行的大背景时代下更加突出和强调产业结构中个体创意的重要性。

《机械复制时代的艺术品》是 20 世纪 30 年代末德国著名学者瓦尔特·本雅明的代表作品，书中关于文化产业提出了个人观点，认为文化产业的产生与发展，主要是依托于社会生产中各类典型技术，如摄影技术以及电影技术等规模化和批量化艺术品的复制。对于文化产业这一现象，瓦尔特·本雅明所持态度相对较为中和，其在认可和接受该现象的同时，也曝光了艺术品褪去"灵晕"后的一系列问题。

在"创意产业"中其个性化的创作内容和形式，一定程度上化解了艺术品"灵晕"褪去与产业生产、发展之间的矛盾，使得"灵晕"个性化、自然化特征得以重塑。但俗话说"凡事有度，过犹不及"，在社会发展中如果盲目追求个体，与社会整体文化发展大方向相悖，将导致所生产产品无法融入社会，难以引起大众对产品功能和产品特性的广泛认同。从某种角度来看，文化和创意两者之间的关系就像土壤与种子，肥沃的土壤可为种子提供适宜的生长发育环境，种子可以在土壤中汲取生存所需的各种营养与微生物。文化与创意同样也应该是一种相辅相成的关系，只有文化和创意两者有机结合才能确保所诞生文化产品不只是依附于文化的躯壳，而是融入了创意灵魂的新颖化产品。

20世纪90年代末至21世纪初，基于文化理念和创意理念的一股"文化创意热"以不可阻挡之势在全世界范围内掀起了影响社会领域和文化领域的变革浪潮。特别是在全球经济发展体系中创意产业发挥的作用范围日益扩大，不同层次和不同业界纷纷流行一个热词——创意，"创意"搭配下，产生了一系列新词汇和新术语，如创意产业、创意城市、创意劳动、创意市集、创意设计、创意集群等，这些以"创意"为核心衍生出的一系列新术语恰巧验证了英国雷蒙·威廉斯关于创意一词的论断，他认为创意一词具有与其他词语不同的特性，其所受到的评价基本上无反面化内容，属于偏正面性的词语。而创意本身的词义为"文化创意产业"产业形态的形成提供了良好的环境，"文化创意化，创意文化化"也成为该产业重点突出形态，并且该理念发展至今仍在文化发展中发挥着积极的引领作用。

视线回到国内，我国文化创意产业相关发展与研究开展得如火如荼，整体呈稳步上升趋势。2019 年，我国文化产业总量及规模呈现出一种稳步上升态势，其中，北京、深圳、上海等发挥着良好的示范和带动作用，文化创意产业成为各发达城市或地区经济产业高速发展和转型升级的新动能、新引擎。我国各地方政府以文化创意产业为核心，结合地方文化特色和产业形态，制定了一系列专项发展规划，颁布实施了各种具有极强针对性、指导性、现实性的发展政策。

目前，文创产业已经成为全球公认的新兴发展业态，各地区已纷纷进入实践环节，并且各地区关于文创产业的推动计划和发展目标也基本明确。文创产业有与传统工业生产区别很大的特征，它不重视标准化和规模化生产，而是更重视消费者的个性化和多样化需求，将创意融入产品当中，形成新的产业模式。单一文化并非文创产业的传播工具，其对内容的传播需要借助金融工具和市场机制两大要素；传统落后的技术并非文创产业载体，需要融合各类新技术手段，如大数据技术、人工智能技术以及互联网技术等。上述内容，在各地所出台的一系列文创产业发展规划和政策内容中均有所体现，并且通过收集和调查各地在文创产业所制定的政策来看，每一条政策内容都凝聚着对文创产业的深化认知。例如，《关于推进文化创意产业创新发展的意见》是由北京市人民政府于 2018 年颁布的一项关于如何进一步推动文创产业创新发展的政策，意见中明确了文创产业未来发展的主攻方向和重点发展领域。创新发展的主攻方向可细分为两个小目标，一是加快实现现代科技与文化两者的完美融合，赋予文化创意数字化能量，让数字化创意成为最新发展真谛；二是基于内容版权的转化进行合理布局，打造文化创新策源地。在重点发展领域环节，主要聚焦以下几个内容：创意设计、媒体融合、出版发行、广播影视、动漫游戏、文博非遗、演艺娱乐、文创智库以及艺术品交易等。从文博非遗领域来看，鼓励各地文化单位或文物单位从文化创意入手进行各类文创产品的研发与设计，并在当地政府机构和社会资本的双重扶持下，搭建文创产品研发设计和服务营销推广平台。与此同时，通过各种有效途径的开发，如获取专业品牌授权、灵活应用现代数字技术等，加快实现文博非遗资源与创意设计产业的深度糅合。此外，大力生产具有地域特色、历史文化底蕴和民族风情的工艺品，在提高产品附加值的同时，形成对传统文化的创新发展、传播交流以及保护传承。

目前，文化创意产业是一种以文化产业和创意产业为核心的新兴产业，有着较为广泛的发展前景，被各行业领域相关专家学者视为当前创意经济中最具希望的"朝阳产业"，不但以独特的文创理念丰富了当代文化发展体系，且文创产业所坚持的以"创意"为引领的发展目标，在某种程度上为整个产业新发展格局的构建提供了有力的理论指导和技术支撑。对于文化发展理念的研究与观察，文创理念的出发点与其他有所不同，其观察视角主要聚集在三个维度，包括创新视角、科技视角以及生活视角。文创背景下所形成的发展理念具有极为显著的创新性和跨界性特征，强调全方位、多角度地与文化对话和交流，践行新时代"以文化人"的使命和任务。

第二节　多重视角叠加的文创理念

一、创意视角

创意视角主要通过个性化的视角展开：一是创意一般是别人没想到或没想过的，具有新颖性、独特性；二是创意具有巧妙性、审美性，即创造出的产品或者艺术是美的、积极的；三是创意的大众化、广泛性，如果能在平常的事物中挖掘出不一样的感觉，大众比较容易接受。在文化层面，没有创意的文化是重复的，是单薄的，是没有灵魂的。当代的文化呈现多样性的发展趋势，由于大众媒体的存在，海量信息充斥着人们的日常生活，同时现代的文化又是自主性的，是根据个人的兴趣与爱好进行甄别的文化。大众对文化产品的追求逐渐通向个性化的道路，呈现出独特的、小众化的发展方向，在这种模式下创意的视角就显得尤为重要，将创意打造成一种潮流进行呈现，也使得那些处于个体创意、面向小众的文化创意产品的形式也愈发地具有现代性，其吸引力和感染力也是空前的。在制作一些宏大的文化主题时，不妨尝试通过创意视角，将文化人格化、趣味化，再加上现代的传播技术的运用，来吸引广大受众特别是年轻一代，使文化与创意进行深度结合，能够有效保持文化的生命力，促进文化的持续性创新与创造，让文化更有活力，迸发出空前的生命力。

中国的经济结构正在发生巨大的转变，中国现在经济转型由传统的密集型、廉价产品竞争提升到高精尖的产品竞争，实现现代产业结构的打造，以此来打开国内、国际市场，让中国的产品有国际竞争力，从而稳步提升在国际社会的地位。甚至独一无二的核心技术能让中国的产品稳扎稳打地销售，告别过去低技术含量、粗制滥造的局面，呈现出全新的局面。同时，广大文化产品消费者也不仅仅有消费者的身份，他们也能成为文化的生产者，我国网络文学的兴起和兴盛就是一个代表性的实例。随着网络文学的兴起，数以千万计的网络写手已经成为网络文学的推手，在其中既充当着读者，也充当着重要的作者。

从文创理念的角度对我国当代文化发展进行分析，就要从传统文化原本的形式和内容中跳出来，寻找传统文化创造性发展的机遇和机会。中华文化的传承绝不能停留在"复古"层面上，更不能盲目排外，故步自封，而是应当从传统文化中取出精华和灵魂，借鉴世界各国文化的优秀发展经验，结合当今文化发展和创新的理念，推陈出新，形成新的、符合现代文化理念和大众文化喜好的传统文化。"以古人之规矩，开自己之生面"，中华传统文化应当在创新中形成自己的发展之路。这种文化创新思路是符合"双创"理念的，也对传统文化在当代社会的发展提出了要求。传统文化创新不仅要从形式和内容上进行，也要与大众文化、通俗文化和时代文化结合。对传统文化的继承不仅是复制传统，还要让其符合现代大众的喜好，寻求更广阔的传播和发展之路。

中华优秀传统文化，特别是我国非物质文化遗产文化在世界范围内的传播，让传统的成了时尚的，让中国的成了世界的。中国风席卷世界需要传统文化不断提升自己的创造力。21世纪初期，"女子十二乐坊"以其独特的中国风演奏风格被观众所喜爱，她们使用二胡、琵琶、古筝、笛子等中国传统乐器进行演奏，在东南亚甚至世界范围内都广受欢迎。她们成功的原因不仅仅是使用传统乐器，还有传统与现代结合的创意设计。

孙郡是一位青年创意摄影人，他将中国传统工笔画与摄影相结合，创造出了独特的"新文人画摄影"风格。孙郡7岁开始学国画，由于痴迷古典文学的邻居姐姐晨昏吟诵古典诗词，孙郡也因此耳濡目染。在他开始接触摄影之后就不断钻研思考，希望从摄影艺术中寻找到更具创意的表现形式，丰富摄影画面的内涵。最终，孙郡将目光放到了中国文人画上。文人画的题材多是山水、花鸟和人物，其表现特征与笔墨融合，不追求极致的形似而强调神韵、色彩淡雅，追求匠心独运，强调意会和神往，画面观之回味无穷。孙郡将国画与摄影这两种视觉艺术相互结合，在摄影之后，将影像转换为黑白色，相当于一幅白描底稿，然后手工上色，就像完成工笔画一样一层层地进行精心渲染。他在每幅作品上花费了大量时间，平均时长大约20天。这种摄影与绘画风格结合的艺术形式更注重画面和故事的结合，也是对传统文人画艺术的传统和创新，形成了自己的独特风格。

摄影艺术和传统文人画中的写意风格融合，给人一种惊艳的美感，这种艺术形式已经超出摄影艺术的范畴，用现代数字摄影艺术作品来定义更为精准。独特的画面衬托出人物的高贵与典雅，将男性的从容书卷气质展现出来，人物娴静清丽而又温润大方，独特的东方气息扑面而来。即便是不知道模特和摄影师的身份，也能感受到这是来自中国创作者的作品。无论是摄影作品，还是绘画作品，都应当体现出创意，融合进作者所要体现出的人文精神和艺术情怀。我国的艺术创作者应当担起文化传承的义务，尽可能地寻找传统文化与现代艺术创作相结合的路子，然后尽力完善方法，极力做到尽善尽美。

"中国文化""中国风格"都是非物质、难把握的抽象事物，要想将它们传播、传承，就需要借助创新和创意，就需要通过文创理念指导下的文创产业实践，将它们有机地物质化。这种转化的过程，也加入了当代文化对传统文化的认知，本身就是古今文化互动的新作。博科娃认为，非物质文化遗产是传统文化中重要的内容，通过对非物质文化遗传的创新和创意性改造能实现其包容性和可持续性发展，这也是传统文化可持续发展的重要组成部分。非物质文化遗产的创意创新也是我们体验尚存遗产的机会，从中我们能感受到人类无穷的生命力和创造力，体验人类的多样性。

从文创理念中的创意思想角度来分析，文博事业发展的重要目标之一就是"让文物说话"，也就是让文物的思想和文化表达更加生动、清晰，让历经千百年历史的文物藏品以文创产品的形式走到大众身边，给人以文化的熏陶。在文博产品开发工作中，故宫博物院的工作成效显著。早期故宫博物院只是开发出了文物复制产品，例如，书画和陶瓷等。慢慢地，故宫博物院设计出以实用产品为基础的融合传统文化创意和故宫特色的产品。他们将故宫的色彩、建筑和器物元素提取出来用到产品上，形成了许多受人喜爱的文创产品。例如紫禁城金阙索引贴，这是一件将紫禁城内东华门、燕翅楼等富有代表性的几个建筑绘在上面，结合烫金和模切工艺的文创产品，显示出了紫禁城的辉煌和大气。紫禁城金阙索引贴附带 6 款不同的建筑便签贴，当它们贴在书外侧时能形成错落有致的建筑群，显现出紫禁城的宏伟气势，让欣赏者能够感受到紫禁城的魅力。2020 年末，在新年即将来临之际，故宫文创设计出了"福牛献瑞·玛瑙项链"，产品灵感源于故宫博物院的藏品——韩滉创作的《五牛图》。项链吊坠的主体是绛色的牛正面形象，材料选取天然红玛瑙；牛头造型为半立体式，脸颊圆润可爱；牛角经过精心打磨，上有螺旋花纹，做工十分精致；背面选用了钱币样式，辅以镂空技术，象征"福牛携金财"，寓意朴实美好。这件文创产品既包含了民俗文化，又迎合了现代审美，更有文化内涵，是一件富有代表性的成功的文创设计产品。

二、科技视角

科技视角是一种现代化视角。科技视角强调运用好新媒介、新技术手段进行文化创新创造。中国文化发展的文创之路不能只重视"文"，也要让文化与现代科技进行融合。之前，每每提及中华优秀传统文化，都要谈到文学艺术作品，强调其中的人文精神。传统文化发展和传承也总是聚焦在琴棋书画和戏曲文学等艺术的学习和传承上。的确这些文化内容是我国传统文化中的精华和灵魂。但是一味强调传统文化艺术的传承是不符合现代文化发展规律的，在数字化生产、科技革命的引领下，传统文化还有更广阔的发展空间。

中国新闻出版研究院公布的《第十二次全国国民阅读调查报告》中指出，现代大众阅读的方式多采用电子化的方式，逐渐超过了通过印刷媒介来阅读，在一定程度上说明了现代数字化已经融入生活的方方面面。电子阅读终端的出现和电子产品上阅读功能的发展带动现代人的阅读习惯发生了变化，越来越多的人习惯阅读电子书籍，听网络中传播的音乐，通过互联网观看动画、漫画、玩电子游戏。相关的领域也日渐繁荣。从媒介的发展过程来看，媒介经历了纸质印刷，之后是以广播、电影、电视等视听媒介为主的大众媒体。再从现在的以互联网与手机为主的现代媒介来看，每一个新的媒介的产生都会对人们的生活产生深远的影响。对于手机来说，现在所充当角色的是"人体的器官"，逐渐渗入人们的日常生活中。对于当代文化来说，现代科技已经是社会的大背景，科技充斥着文化的各个方面，换句话说，没有现代科技支撑下的文化内容是缺乏时代气息的文化，不会有广阔的市场空间，也不会在人们的生活中被广泛传播。

1948 年，梁思成先生在清华大学发表演讲，所演讲的题目是《半个人时代》，在演讲中他说到文科与理科的分科导致了人的片面化。想要成为一个全面发展的人就要将文化融入现代社会中，特别是要与现代的高科技联系在一起。电影是文创产业中十分重要的一部分，也是深受大众喜爱的一部分。随着科技的发展，电影制作技术也出现了许多变革，如特效技术、后期制作技术、数字技术和智能影棚拍摄，不断发展的电影影像技术也让影片极富时代感和科技感。科技让电影行业进入了新的时代。媒介技术的发展也改变了文创产业的行业发展态势。互联网技术的发展和普及让传统的电视大受冲击，这是时代发展的必要趋势，而随之产生的网络音乐、网络电视剧、网络小说、网络电影、网络综艺等产业迎来了黄金发展的时期。在主题公园等娱乐场所的实景演出和舞台表演中，应用虚拟现实技术、人工智能技术、人机交互技术等先进科技制造出的娱乐设备也迅速占据一席之地，受到大众的喜爱。

全球化进程的加速也使得文化创意产业在国际竞争的大环境下寻求科技化的发展道路。科技与文创设计融合，带动文化创意产业的发展已经成了现代文创产业发展的必由之路。美国的文创产品出口一直处于世界前列，其大部分文创产品都有较高的科技含量，所以在激烈竞争下的今天，占有大部分市场份额。迪士尼主题乐园更是文化创意与现代科技的完美结合，成为二者结合的典范。在这样的大背景下，中国的一批企业开始依靠科技崛起，运用现代科技手段开发了各种各样的文化创意产品，如特技电影、主题公园、数字动漫游戏厅等，其中环幕立体电影，还进入了其他国家，带来广泛的影响。

作为具有全球声望的迪士尼公司，其主题乐园充满了童话氛围，吸引了无数游客慕名前往。浪漫与梦幻的背后是科学设计与技术创新的支撑。迪士尼乐园的设计团队在 BIM 技术的使用上有很深造诣。所谓"BIM 技术"，全称为"Building In formation Modeling"，也就是建筑信息模型技术。传统建筑施工领域中，常使用 CAD 技术，也就是计算机辅助设计技术绘制平面设计图。而 BIM 技术则是通过三维立体建模实现所见即所得的建筑模型设计，通过这项技术，设计师、工程师和施工方能够共同进行交流，集思广益，实现信息和思想的快速交换，共同推进项目进程。

BIM 技术在处理"疑难杂症"上具有十分强大的功能，通过 BIM 技术，实现了全球最高的上海迪士尼城堡地建设。上海迪士尼城堡是由美国迪士尼公司的多个部门参与，耗时两年半左右精心设计建筑模型，再由同济大学建筑设计研究院用时一年进行设计，最后形成了城堡的整体模样，不仅如此，还能进行每个部分的展示，可以细化到墙、窗户甚至一个隐藏的线管。这一技术的运用，依靠的是电脑后台自动计算的结果，单靠人工的计算是很难达到的，最后把迪士尼城堡打造得美轮美奂。

运用 BIM 技术设计模型，施工监督人员只需通过平板电脑查看设计图就能在现场监管施工，三维立体图也让施工方人员加强了对建筑细节的把握。工人在可视化的环境下，按流程施工。一些细节的问题还可以通过 BIM 技术得到解决，据迪士尼方面称，在整个的施工过程中，BIM 技术避免了 3000 多个问题，大大降低了资源的浪费，节约了成本。

BIM 技术应用是施工领域的一场革命，上海迪士尼乐园项目的建设，让这一技术的应用也传入了我国，改变了我国传统作业方式。在迪士尼乐园建设的五年当中，我国的同业人员接触和了解了迪士尼乐园建筑设计和管理的经验，为我国今后主题公园的建设和景区的设计建设提供了借鉴，也开启了重大工程实现设计、施工阶段的 BIM 技术的应用。

文创产业的发展，不能只依靠文化资源的挖掘，还要重视科技手段的进步。只有将科技和文化相融合，才能将文化资源的转化效率进一步提升，才能够为文创产业的一次又一次跨越式进步提供坚实的基础。

《又见敦煌》是敦煌文化旅游名片，由导演王潮歌倾情打造，该剧使用全球独创的"走入式"情景剧场演出技术，打造了一场大型室内情景体验剧。该剧以沙漠为底色，融合敦煌文化的内涵，在舞台设置方面独具特色，给人新颖震撼的视觉冲击，让观众了解到了丝路历史和敦煌的千年历史文化。

王潮歌是 2008 年北京奥运会的总导演之一，创排的"印象"系列和"又见"系列演出（包含《印象丽江》《印象西湖》《又见平遥》等作品）都是经典作品，是非常吸引游客的旅游项目。对于观看演出的观众，与其说这是一次观看，不如说这是一次亲历穿越的体验，在《又见敦煌》这部大型歌舞剧中，Redline 携D3 再度加盟助力，运用大量投影，将历史中的场景营造出来，如梦似幻，异常逼真。虚实结合的演绎方式也让这部作品成了壮观而宏大的沉浸式视觉盛宴，让观众犹如处于历史当中，给观众带来震撼和独特的视听感受。《又见敦煌》也为如今的敦煌再添辉煌，并且在前期设计阶段，可以用 D3 模拟现场演绎，大大提高了现场操作的可预见性。D3 软件给舞美设计师提供真实 3D 空间的灯光、影像、声音及时间线编辑和 360 度视角空间模拟，有更加直观的现场视觉效果，激发设计师的设计灵感。我们要让中华文化一点一点地丰富起来，用各种各样的元素为它编程。

三、生活视角

从生活视角分析文创工作开展就是基于社会需求对文创工作进行思考。文化在生活中无处不在，如果缺少文化，人的生活可能就会失去趣味，而文化也离不开生活的这片土壤。当代中国随着物质生活的提升，在精神领域也迎来了一个大范围的提升，大众对文化的追求和渴望已经不再是遥不可及的梦想，而是从生活的方方面面流露出来。文化消费也成了现今居民的消费增长点，由于人们对文化的需求和选择范围扩大，文化需求已经成了情感需求和身份认同的需求。

人们对文化产品的需求增长源自我国消费结构的转变。随着经济的发展，人们的可支配收入增长，对美好生活的期许和要求也越来越高，对生活的审美意识愈发凸显，在文化、心理、艺术、美学、休闲、娱乐等方面的需求越来越多，对饮食、穿衣、日常用品、活动空间等的文化特征要求愈发提高。调查可知，一线城市的文化消费已经升级，主要集中在以审美、休闲和体验为主的需求上，这些城市的文创产业也迅速发展起来，形成了新的文化产业和发展形势。

文创领域的生活视角分为两个层面。从微观的层面来说，文创产品可以成为生活的道具，是美好、精致与创意的具象化。传统意义上的设计作品，常常只具有单一的功能，要么是只体现艺术美感，要么是只体现文化导向，很少考虑生活化、实用性，默认人们购买文化产品、设计产品，都是用来远观的，这都为人们亲近文化带来了阻碍。而"文创理念"的诞生，促使人们思索如何让文化以创新的方式吸引人们的注意、以创意的角度融入人们的生活。从现有的较为成功的文创产业发展经验中来看，文化创意与日常生活中所需的物品结合是更受欢迎的文创产品设计方式，让文物"复活"是这类文创产品的主要特征。

产品是载体。试水之作的成功，让故宫继续在文创领域发力，也更加懂得在实践中尊重游客、尊重市场，倾听热心粉丝的声音，改进自己的文创工作。2016年，故宫推出了原创纸胶带，这些纸胶带深受大众喜爱，许多消费者使用这些胶带装饰自己的彩妆用品，设计出了"私人御用订制款"彩妆，并将成果分享出去，吸引了大量观众观看和效仿。跟随这股潮流，故宫淘宝创作了一篇文章《假如故宫进军彩妆界》分享自己的创意彩妆脑洞，不但阅读量再次轻松突破10万，还有超3万网友点赞支持故宫的创意，更有5万多人转发求购宫墙红口红。经过灵感汲取、市场观察，2018年，故宫彩妆终于经由故宫淘宝和故宫文创两条渠道先后面世，彩妆系列涵盖口红、眼影、腮红、高光等多款彩妆产品，这一系列彩妆产品的颜色调配、设计灵感，全部取自故宫博物院的珍藏文物。其中最为瞩目的故宫淘宝口红系列，六种颜色既包括了在"脑洞文章"中呼声甚高的"斩王色"："宫墙红""郎窑红""胭脂红"，还增加了取自雍正朝瓷器颜色的"祭红"、源出钧窑玫瑰紫釉的"紫靛"、来自康熙朝虹豆红釉的"美人霁"三种色号。这些生活化的文创产品再次获得了市场的热情反馈。

故宫还一度推出护肤系列的面膜，但销量并不尽如人意，后来经过市场调研发现，面膜的使用具有较强的私密性，人们常常是在家中洗漱之后独自使用，"故宫"的品牌无法被体现。而口红、粉饼这类美妆产品，则是可以随身携带、即时使用的。在公共场合里，补妆原本是一件略显尴尬的事情，但是如果拿出包装精美、品牌知名、颜色美丽的化妆品，则会在朋友之间创造一个新的话题，让气氛从尴尬变得活跃。而故宫的独特文化品牌，则兼具了"高大上"的档次感和趣味性的话题度。将文化的概念、故宫的品牌融入一支价格亲民、日常可用的口红之中不仅是在潜移默化之中传播了文化知识，也为人们追求美好生活提供了一抹亮色。

国家博物馆和敦煌研究院开辟了新路径，将馆藏文物的特征应用到笔记本、手机壳等日常用品中，市场反应良好，不少创作成为畅销、热销产品。文创产品通过文化和创意的结合，切切实实地进入民众的日常生活，提高了人们的生活品质，成为这些博物馆在文创转型之路上成功的关键。

从宏观的层面来说，文创设计也可以成为生活的底色。以自助乡村旅游为例，在这个过程中，消费者更多的是在体验和参与乡村生活的过程中产生消费。这种旅游模式不仅新颖，而且符合大众的生活需求，也因此在乡村中出现了许多创客。乡村自助旅游产业的发展要与地方特色文化、文化产品相结合，地方需要有足够优秀的创意思想和文化品牌作为支撑，开发者也要准确把握大众的文化需求特点，这样才能发展出成功的乡村旅游产业。

作为江南水乡文化品牌建设的典范，融"戏剧小镇"与"互联网小镇"于一体的乌镇，也为人们提供了文化创意景观化的体验。乌镇戏剧节最具特色的部分是戏剧嘉年华。行走在古镇之中，店铺前、水井旁、桥头岸边、凉亭晒场，处处都正在表演街头戏剧。街边有相声表演、码头有花鼓戏、门洞里有人偶剧，而且演员随时开始，随时结束，随时与受众互动，让人参与其中。这里是人生如戏，更是人生如网，乌镇将自身打造成为一个巨大的舞台，为到来的人们提供着不眠不休的巨型浸入式表演。在互联网蓬勃发展的时代，人们的很多生活都从线下转到线上，从实体转向虚拟。无论是"真实"还是"虚拟"，都使人们对自身所处的空间进行新的思考。这种生活方式既是基于生活的，又是超越生活的。

　　文旅小镇是中国社会中的特色文化产业形态，它的发展具有本地化、生活化和艺术化的特征，将旅游产业与当地文化和特色生活相结合，让游客感受自然、亲近自然。我国首个以戏剧为设计灵感的文旅小镇是浙江嵊州的"越剧小镇"，此地为中国女子越剧的发源地。该小镇将自然山水田园风光和戏剧元素相结合，建造了一个戏剧、文化和生活融为一体的生态园区。在该园区中有许多常态化演出节目，节目内容主要为越剧，也有戏曲、话剧、舞蹈等，这些演出节目是"越剧小镇"的旅游特色支撑。园区中有戏剧工坊、艺术学习、剧场、非遗体验馆和工匠艺术村等板块，为游客提供了丰富多彩的旅游体验项目。由此可见，从文创理念的角度分析文旅产业的发展，追求美好生活的理念是十分重要的，要以此为核心推动城市的发展和乡村的振兴。

第三节　"文创 +"思维在各领域的拓展

　　文创的相关概念自产生以来得到了全世界的关注，各国也在积极打造文创产业，在政策引导、社会产业发展、社会需求以及产品创新等方面都有积极的尝试。"文创 +"思维逐渐拓展到社会的各个领域当中，从文创到文创产业再到文创思维影响经济、城市以及生态发展，从不同的维度来丰富文创思维的内涵，同时文创思维也在经济、社会领域中发挥着越来越重要的作用。

一、文化创意产业

（一）文化创意产业

中共中央办公厅、国务院办公厅在 2006 年发布了《国家"十一五"时期文化发展纲要》，正式提出了文化创意产业的概念。在地方也出台了相关政策，积极发展文化创意产业。例如，北京市印发了《北京市文化创意产业分类标准》，对文化创意产业提出了正式的定义。

关于文化创意产业的定义，不同的国家有不同的理解。在我国，文化创意产业指的是在经济全球化发展的背景下，以文化、创意、产业为基本核心进行创新，其中创造力是根本动力，依靠个人、团体通过各种各样的手段进行知识产权的开发与利用，其中的手段包括技术、创意、重组等。文化创意产业包罗万象，涉及影视、广播、音响、表演、工艺、设计、雕塑、文化、广告、文化遗产等多个领域的多个产业的创意发展。

联合国教科文组织确定了文化创意产业的定义：文化创意产业是以创作人的智慧、灵感、技能和天赋为源泉，以高科技创造和文化资源改造为方式，通过对所拥有的知识产权的开发和利用生产出高附加值的产品，是极具财富创造力和就业发展潜力的产业。在这里，也提到了关于文化创意产业的三个基本内容。这三个基本内容既有区别，又有联系。三大内容共同组成了文化创意产业的基本内涵。

（二）文创产业的基本特征

区域与产业的经济发展因为有了产业集群的助力，呈现出快速发展的景象。文化创意产业群经过不断的实践，证明文化创意产业已经成为我国社会主义经济发展的重要推动力量。但现在的产业集群还处于一个较低的发展水平，随着经济全球化的大趋势发展，今后的市场将呈现出越来越复杂的状态，企业间的竞争将日益激烈，以往市场所保持的平衡将会被打破，取而代之的是知识结构需要不断更新，才能适应复杂多变的市场环境。那么文创产业的特征主要体现在以下几个方面：

第一，文化创意产业具有高附加值的特征。创意是文化产业的核心，是推动产业升级的动力，具有使用价值与观念价值的双重价值，而观念价值的赋予使得文化创意的产品具有高附加值。以往的知识经济时代发展到一定阶段带来的是产品趋于同质化，想解决这一问题就要寻找产品的差异化，如产品的品位、基调、感觉、风格等，这些都可以从创意中获得，使消费者产生共鸣与认同，实现产品的更多价值。

第二，文化创意产业之间的关联度较高。一个成功的创意活动所涵盖的产业是众多的，从一个领域辐射更多的领域，促进相关产业链的发展。小说《哈利·波特》的出版使得它拥有了在全世界范围内数量惊人的"哈迷"，并且形成了以图书销售为中心，电影、玩具、服饰、游戏等多方联动的产业链条。小说出版以后，首先转化到了电影方面，第一部哈利·波特电影面世以后引起了强烈的反响，大受追捧，其票房收入累计高达 9.84 亿美元，仅次于电影巨作——《泰坦尼克号》。除了电影之外，全球三家最大的玩具制造商 Mettal、乐高与孩之宝也以数额惊人的价格购买了哈利·波特系列玩具与文具的经营权，伴随着电影的放映，相应的五百多种玩具与文具也随之而来，创造了可观的经济价值。同时，依据哈利·波特小说里边的"魔法世界"创造的主题公园吸引了千千万万"哈迷"前往，也成为该创意产业发展的一个部分，并且掀起了一阵旅游的热潮，带动了当地经济的发展。目前，哈利·波特不仅仅是小说里的一个人物，还能衍生出一系列的产业链条，在这个产业链条中，以哈利·波特这一人物及小说的情节所打造的是一个超过千亿美元的大产业，具有蓬勃的生命力与巨大的市场前景。这一文化创意产业无疑是成功的。

第三，文化创意产业在市场需求方面具有不确定性。由于文化创意更多的是来自创意方面的东西，除了使用价值之外更多注重的是它的观念价值，而观念价值又是无形的，其对市场需求的考量不是确定的，有的可能受到广大消费者的喜爱，有的则没有市场，更不用提发展空间了，这是文化创意产业的一个不足之处。文化创意产业需要做的是熟悉消费者的消费心理，在艺术、文化价值等方面不断创新，产出更多的创意满足大众的消费需求，使消费者既享用了使用价值，又获得了观念价值。

随着经济全球化进程的不断加速，社会发生了巨大的变革，这些变革给人们的工作与生活带来了巨大的变化。在经济领域，创意成为新的亮点并被着重提出，新的创意将代替以往单纯地依靠科技或信息进行价值创造，依靠各种各样的创意进行生产方式以及模式的创新，以此推动经济发展。

（三）产业与非物质文化遗产的碰撞

近年来，以开发非物质文化遗产为目的的新兴产业，具有广阔的前景和可观的经济效益。一方面，非物质文化遗产的规模正在逐年扩大，在可观的经济效益背后显露的是非物质文化遗产，它作为"金字招牌"越来越受到地方政府以及大众的重视，各地的企业目光以及资本向这一块尚未开发的领域倾斜，并试图将商业手段与非物质文化遗产进行衔接，实现与现代生活的接轨；另一方面，将传统的非物质文化遗产与现代的商业相衔接，使非物质文化遗产不可避免地开始运用现代的技术、互联网技术、品牌效应和资本积累等，走向了一条拥抱现代、发展自我的创新之路。虽然非物质文化遗产的保护与传承并不是一帆风顺的，但经过与商业的衔接，或许我们可以看到这些古老的文化遗产在未来将迎来蓬勃发展的局面。

近年来，随着非物质文化遗产保护与传承工作的深入，国家发布了许多关于非物质文化遗产的产业报告。这些报告中无疑体现了关于中国非物质文化遗产及其产业的发展情况，报告的结果是乐观的。它较为系统全面地阐释了非物质文化遗产发展格局下中国非物质文化遗产发展的背景、现状、出现的问题、特点、规模效应、重点发展的板块以及将来发展的出路等等。

我国当前的非物质文化遗产产业发展的结构主要表现在以下几个方面：

首先，我国的非物质文化遗产产业的规模在迅速扩张，特别是非物质文化遗产业态的发展又上了一个新台阶，新的业态在不断的融合过程中走向蓬勃发展。

其次，我国的非物质文化遗产产业的规模在整个文化产业发展过程中占有越来越重要的地位，也是未来整个文化产业发展的主流。

再次，我国非物质文化遗产的发展具有联动作用，主要表现在规模结构上，有了核心层、外围层、辐射层三层，三个层面齐头并进，相互促进，带动了中国文化产业规模的不断扩张。

最后，在我国非物质文化遗产产业中，公益产业、医药类产业和餐饮类产业占据主导地位，这三者的产业规模达到了总体的 70% 以上，而民俗旅游产业、衍生文化产业、家居家具产业的规模较小，但是发展潜力巨大，发展势态良好。除此之外，非物质文化遗产产业所生产出的文创产品所支撑的服务产业也在逐年发展，稳步上升，逐渐成为非物质文化遗产行业发展中的重要模块。

1. 非物质文化遗产文化创意产品

中国非物质文化遗产产业涉及文创、研学、演艺、民俗等，正在走向自己的高光时刻。非物质文化遗产创意产品依托非物质文化遗产的资源优势，通过创意性的设计以及广泛的应用，开发出具有文化性、知识性、实用性、审美性的文化创意商品。在落地载体上，以非物质文化遗产工坊、非物质文化遗产博物馆、非物质文化遗产文化产业园、非物质文化遗产主题景区为主要载体，其中较为成功的案例是贵州丹寨锦绣谷。

贵州省丹寨县聚集着苗族、侗族等少数民族，其非物质文化遗产的资源非常丰富，其中在全县范围内纳入非物质文化遗产名录的项目有一百多项，是中国名副其实的非物质文化遗产之乡。锦绣谷在开发的过程中打造了锦绣体系，包括锦绣谷、锦绣包、锦绣坊、锦绣社一条完整的苗绣生产线，很好地将苗绣的手工产品进行了规模化和规范化的生产。这里不仅出售传统的手工产品，游客还可以学习当地民族的手工工艺，参与到手工之旅的游学项目中。这样，大山里的手工艺变成了文创产品的创意，推动创意产品走出大山，进一步打造了属于中华民族自己的文创产品。

2. 非物质文化遗产活动

非物质文化遗产活动就是以非物质文化遗产为主题所开展的各类非物质文化遗产、少数民族非物质文化遗产的民俗活动。这些活动主要通过文化景区的公共文化空间作为载体而开展。在非遗物质文化遗产与旅游融合的经典案例中，秦淮灯会彰显着文化旅游融合新生态。这个案例居于十大非物质文化遗产的优秀案例之首。南京主要是借助于国家级非物质文化遗产——秦淮灯会这一项目，每年举办数百场关于科举、儒学、报恩等文化活动，并展开了一系列的主题旅游，体验传统民俗表演、精品文化展览等活动，将非物质文化遗产项目与吃、住、行、游、购等旅游模式进行深度结合，成了秦淮旅游的支柱与核心代表作。

秦淮灯会有着"天下第一灯会"和"秦淮灯彩甲天下"的美称，也是中国唯一一个集灯展、灯会、灯饰为一体的大型综合型灯会。它是中国持续时间最久、参与人数最多、规模最大的民间民俗灯会。秦淮灯会目前已经成为南京本土传统文化传播的平台与窗口，同时也是春节期间南京最有年味的地方。在灯会期间，通过主题旅行体验传统民俗活动、精品文化展览、优惠营销活动等形式，让市民在观看灯展的同时能够感受到传统节庆的热闹。秦淮灯会的开展直接拉动了周边文化旅游、餐饮、住宿、购物等产业的发展，促进了非物质文化遗产产业链的形成，正在成为带动南京经济的重要力量。

3. 非物质文化遗产游戏

非物质文化遗产游戏是借助游戏的手段向年轻人传播中华优秀传统文化的较

新的玩法。非物质文化遗产并不是严肃的，而是可以边学边玩的。随着"文化和自然遗产日"特别节目非遗公开课的播出，非遗公开课、微信小游戏也同时上线，呈现出文化、娱乐、互动为一体的轻互动的节目形式，这帮助更多的年轻人认识非物质文化遗产，领略中华传统文化的博大精深与智慧，推动了年轻人向传统文化学习的潮流。近年来，游戏与文化相融合的方式较为常见，通过"非遗＋游戏"的途径，同时为两大项目带来了活力，尤其游戏融入非物质文化遗产中使得传统文化带上了年轻的活力，在这种融合的过程中，游戏的内涵以及生命周期被延长，除了在游戏里面加入了很多传统文化的元素，还把传统文化的理念无形当中输送给了年轻人。

二、创意经济

非物质文化遗产的现代创意转化发展创意经济，使得经济的增长模式向着集约型转化。创意经济是未来城市发展的方向，将创意融入经济发展中，可以提高创意带来的经济转化率。创意经济的本质是文化创意产业的构建，通过对文化产业的深度挖掘、有效整合，实现国家经济模式的转变，创造出更多的附加值。

（一）创意经济的概念

"创意经济"这一概念最早产生于英国，在 1998 年 11 月英国工党政府创意经济工作组发布了《创意经济路径文件》，在这一文件中首次提到了创意经济的概念，并在之后的《创意经济专题》报道中对创意经济基本定义为："指的是源于个人创造性、技能与才干，通过开发和运用知识产权，具有创造财富和增加就业潜力的经济部门。"①2010 年联合国贸发会议上，对创意经济也提出了一个定义，这个定义具有广义的意义。这里的创意经济被定义为"是一个不断演进的概

---

① 王志成, 陈继祥, 姜晖. 基于特征分析的城市创意经济发展支点研究 [J]. 财经研究, 2008(06):
4-15.

念；其包含了经济、文化和社会方面与技术、知识产权和旅游目标之间的互动；是一系列以知识为基础的经济活动；是一个可行的发展方案；要求创新的、多领域的政策回应和各部门的协调行动"①。

创意经济有非常广阔的发展领域，能够覆盖社会的方方面面。但它属于较新的经济模式，不仅包含着文化、创意、文化产品以及服务，还包括玩具、游戏、研发领域等。在我国，创意经济指的是文化创意产业，着重强调的是文化的创造性对于我国经济的发展的积极意义。主要表现为文化创意的资源成为我国经济增长的重要因素。创意产业成为产业布局中的先导产业或者支柱产业。关于创意经济的内涵主要表现在两个方面：第一，创意经济的核心资源是创意以及创造力，通过不断地进行创意，将文化艺术元素等植入到制造业当中，生产出更多的创意产品。第二，创意经济促进了产业链的延伸，实现了创意创新与产业链的不断融合，提升了产品包括创意文化等附加值。这样看来，创意经济的本质是知识经济，是知识经过转化的实用型经济。创意经济不仅促进了更多的人发挥自身的优势利用创意去创作，实现经济效益，还在客观上丰富了产品的种类，能更好地满足人们生活精神层面的需要。

（二）创意经济的主要特征

1. 在创意经济中创意处于灵魂的地位

在传统产业中，产业取胜的法宝是先进的技术以及扩大的规模，然而在创意经济中，产业取胜的法宝却是人的创意。创意在这一过程中具有无尽的创造力。我们不可否认的是，所有的行业、所有的产品都需要创造性。在传统的行业中，创造性只是作为产品的附加值，并非是产品的核心。而在创意经济中，创意或创造性成为市场产业核心，也就是说，创意经济中的商品不仅是产品本身，还有产品

105 --

---

① 联合国贸发会议（UNCTAD），中国社会科学院文化研究中心翻译.创意经济报告 2010[M].
  北京：三辰影库音像出版社，2011.

上的创意、设计理念、文化精神以及产品所带来的心理享受和服务增值。在这当中创意能给产业以及产品带来更多的卖点，吸引更多的受众进行体验，创意将成为利润的主要创造者。在现代的消费市场中，受众的消费日益趋向时尚化。对文化性的要求也日益强烈，要求文化产品突出新颖性、创新性、个性化等。创意的行业涉及多个领域，包括艺术、建筑、文物、广告设计、工艺品、电影、互动休闲、软件、时装设计、表演艺术、音乐软件、出版、电视广播、动漫DV、游戏与网络游戏、短视频等等。这些创意产业都是通过新的创意与新的灵感来占领和争夺市场，受到广大消费者的喜爱。

2. 创意经济是右脑主导型经济

一般来说，人的左脑控制着数学、运算、语言功能，右脑主导情感、艺术等能力。右脑发达的人在知觉、感觉和想象力等方面要强一点，而且知觉空间感以及把控全局的能力都要更强一些。右脑最重要的能力是创造性的思维，主要是由于右脑不拘泥于局部，而是具有统筹整体与全局的能力，能够以大胆的猜测进行直觉的思考，可以事先预知未来的变化并做出重要的决定。创意时代的经济因为知识的储备已经涉及相当大的范围，随着经济全球化以及互联网的广泛使用，知识可以通过互联网被轻易地找到，最重要的是知识的创新与运用。创意经济中的创意主要来源于右脑，它是灵感与智慧的共同结果。如果说知识经济是将人的知识作为生产力来看待，那么创意经济则看重的是创意，将人的无穷的创造力视为生产力，而拥有这些创造力的人，特别是拥有丰富想象力以及具有创意的人，企业将拥有无穷的潜力，推动企业的创新与进步。创意不仅给企业带来利润，使企业具有了核心竞争力，同时，创意经济也有助于个人想法的实现，有助于个人发挥自己的主观能动性进行创作，创造出更多的、融入自己想法的产品出来，可以说创意经济成就了企业的同时，也更加彰显了个人价值，有助于个人价值的实现。

3. 创意经济是客观市场的真实反映

创意经济所凭借的是文化消费。创意的产品主要通过改善价值理念来塑造新的、迎合市场需要的升级产品，这种创意的理念渗透在产品生产的每个环节，包括灵感的产生、产品的定位、产品的形成以及销售推广，最后到达一种潮流的产生，每一个环节都可以加入创意元素使得产品更具有核心竞争力。所以，从以产品导向为中心转移到以消费导向为中心，体现的正是消费时代以文化消费导向的发展思维模式，通过研发出具有创意性的产品，才能引领消费时尚，引导消费市场，提高企业的经济效益，实现国家经济的稳健发展。

4. 创意产业的核心资产是知识产权

创意就是资本，是知识资本、智力资本，所以产品具有自身知识产权，受到知识产权法的保护。创意产业本身是离不开文化的，从文化理念来看，创意经济是较为推崇创新的，重视个人个性化的发展。正是这一点，决定了创意产品更多的是无形的资产，是关于知识与智力的资产，所以创意产业与知识产权这一无形资产的关系是非常密切的，拥有了知识产权意味着掌握了核心竞争力，所以在创意经济发展的过程中要注重对知识产权的保护。

5. 创意产业的运作模式要更加的灵活，呈现出动态发展的形式

在市场经济运作的过程中，创意经济是经济运作的高级形式，主要依靠的是社会主义市场经济的规律，同时创意经济并非被动地适应市场，而是设计市场、培养市场，激发消费者消费理念的养成。另外，从大的环境来讲，现代市场需要更多个性化的东西，去取代原来的固化的、常规的市场。在创意经济下，行业的发展靠的是产品、设计、理念的创意，也离不开消费者消费观念的更新。创意商品引导消费者的消费习惯发生变化，市场又会记录消费者的消费偏好变化，产业再从市场的变化中汲取创造灵感，改进自己的创意商品。这样创意经济中的产业才能实现循环发展。

所以说创意经济的运作模式是一个动态的、不断发展的过程。在这一动态的过程中，它所依赖的是策划、人才、变化以及市场。创意产业面临的机遇很大，同样也面临着严峻的挑战，每个企业在有权享受成功的同时，也潜伏着失败，所以应该把握市场的规律，做出更多具有创意性的产品，满足大众对产品的各种需求。

三、创意城市

创意城市构建的核心其实就是人的构建，这在一定程度上与非物质文化遗产的重要性相联系。创意城市是对城市的一次深刻的变革，是为了适应经济全球化的趋势，实现城市的发展理念的转变。创意城市的构建需要文化的力量构建，同时也需要非物质文化遗产的助力。

（一）创意城市的概述

随着我国城镇化进程的不断发展，城市规模不断扩大，但一些问题开始凸显，例如土地资源开始紧张、交通拥挤、环境恶化、文化消弭等，在这样的背景下，"创意城市"进入了人们的视野。创意城市是在 2004 年，由英国经济学家汤姆·坎农首次提出。坎农认为，在创意城市的建设中必须以人的创作力为重点，让人的创造力提升城市的竞争力。城市不仅仅是建筑，更是人们释放和展现自己创造力的画布，城市发展的软动力由此而来，也决定着城市的生命力和未来发展。城市的发展不仅是道路、桥梁等建筑的建造和更新，也包括专业人员、技术人员乃至更多的普通人的发展。从这个观点来看，创意城市的内涵极为广泛，它不仅是一个经济学的概念，还是一个文化学的概念，更是一个社会学的概念，创意城市由此受到了各国的普遍重视。

在全球范围内，正在进行着一场城市的变革，这是在经济全球化以及文化多元化发展背景下进行的，城市的变革目标开始由工业型城市向消费型城市、创意城市发展。其中创意城市的理念对我国城市的变革有着重要的指导意义，我国城市在城市的定位、产业的发展以及空间的布局上都在有意向创意城市靠拢。在我国的创意城市发展过程中强调文化创意对城市难题的破解，通过文化的传承与发展来激发城市的活力与生命力，通过释放城市的文化创造力，提高居民的积极性与参与性，为城市的发展提供更多的思路，促进创意城市模式的形成，实现城市的成功转型与城市文脉的延续，这也是我国实施可持续发展战略的一个积极的尝试。

（二）创意城市的分类

1. 文化资源型

一个城市传承下来的历史文化是这个城市天然的资源，尤其是文化遗产，是城市发展到今天的文化成果，在一定程度上起到充当城市名片的作用。其中包括物质文化与非物质文化遗产，充分地将这些文化遗产利用起来，才能将城市独特的特色发挥出来。

文化资源通过发挥自身的优势，进行创造性地开发，不仅继承了深厚的文化底蕴，还将传统的文化资源融入现代因素，使其具有了现代性，更好地与现代经济与社会相融合，成为经济增长的一个新模式，同时也是打造生态城市的一项积极的尝试。而生活在城市的市民也能通过城市的文脉，增加对城市的自豪感与认同感，发挥其主观能动性，对增强城市总体的凝聚力与提高城市的文化软实力具有积极的意义，同时由文化资源主导的生态城市在城市的综合竞争力上也有不小的优势。在打造以文化资源为主导的生态城市时，要注意对文化资源的保护与充分利用，通过现代技术的综合运用将文化资源进行创意性的宣传与推广。文化资源型的创意城市主要有西安、洛阳、南京等。

2. 创意引领型

在这类城市中，虽然没有固定的、长久的历史文化积淀，但有多样化的文化共同存在，创意性的生态城市是以多元的文化背景作为前提的，这样的城市更具有包容性，具有良好的"软环境"。同时在这样的城市中，聚集着大量的具有创意性的人才，为城市的发展带来不竭的动力，在这样的城市中，拥有高效的组织机构，能产出更多的文化样式与创意活动；能吸引国内外游客来的正是多元化文化的魅力；能吸引来更多的投资者来投资；能吸引更多的创意者，为建设创意城市提供资金与人才保障。在创意引领型创意城市中，其文化及各个方面的创造力与创新程度是巨大的，通常有着示范性的作用，拥有很好的竞争力与文化吸引力。比如北京、上海、广州、杭州等就是创意引领型创意城市。

3. 技术创新型

技术创新型的创意城市首先是以创新与技术为生命力的城市，这些城市是技术革新的样板城市，常常会有新的技术产生在这些城市中，是技术革新的源头。这种类型的城市拥有的是包容、创新的文化氛围，具有创新的企业通过各企业之间的合作，优化资源配置，为市场提供源源不断的新的技术与产品；其次又通过激烈的竞争，优胜劣汰，掌握核心竞争力，还有创新的企业家们也为企业带来更强的竞争力与创新实践，最终为城市的快速发展做贡献。我国的青岛、深圳和武汉等属于这类城市。

4. 转型升级型

20 世纪七八十年代，在全球范围内掀起了产业转型的浪潮。在中国，许多以工业为主的城市面临着发展的困境，如工业发展缓慢而新的经济增长点缺少亮点的问题，整个经济的发展后劲不足等。恰在此时，知识经济与创意经济为这类城市注入了活力，在传统产业进行不断的升级过程中融入了文化、艺术以及创意等元素，使得这些以工业为主的城市有了新的发展空间。从传统产业转型为升级型的城市其主要特点是将文化、艺术、创意等因素赋予到传统产业，为传统的产业提供了文化附加值，这样就增加了其在产业中的核心竞争力。各地区基于文化创意等不同带来的是传统产业的差异性，通过产业升级，推动产业转型向中高端迈进。在我国景德镇和苏州就属于这样的一类城市。

以景德镇陶瓷产业的华丽升级为例，景德镇在继承陶瓷文脉的同时，又用创新创意助力陶瓷产业的升级，在传统与创新的碰撞下不断产生新的创意，为景德镇千年窑火注入了新的活力。陶瓷产业在升级过程中，注重以下几个方面的发展。

首先，借助文化创意设计来助力陶瓷产业的不断升级。在景德镇，有 3 万"景漂"一族，为瓷都的发展注入了鲜活的生命力。他们之中有陶瓷创作的艺术家，也有陶瓷产业的从业者，通过对陶瓷自身的文化创意的升级，带来产业上的规模效应。在陶瓷生产上，景德镇还注重陶瓷产品的设计、研发、生产、展示以及经营一体化。从整个设计和生产流程上把控陶瓷产业，通过科技创新助力传统产业，陶瓷产业不断地发展壮大。景德镇中的文化名片就是陶瓷，科技创新为陶瓷这一传统产业注入科技与创新的血液，让瓷都焕发了新的活力。其中最具代表的是洛客设计谷项目，它是以"互联网工业设计"的形式来助力陶瓷产业的发展，将陶瓷与设计进行融合。洛客景德镇陶瓷设计中心，以创新设计为核心，以服务陶瓷产业的发展为主旨，通过产品力的打造及产品发布、教育品牌、投资孵化、新旅游、新消费体验等方式来实现设计师及相关人员的聚合，从而起到带动陶瓷产业升级、提升陶瓷及景德镇的国际影响力、打造创意文化新地标的作用。另外，景德镇还专门设置了陶瓷产业技术创新和研发补助专项资金，来促进陶瓷产业的创新创意发展。对陶瓷创新创意及文化传承方面重点的支持，促进了科技与陶瓷文化的紧密融合，推动了陶瓷经济的发展。

其次，注重陶瓷人才驱动创新，引领景德镇陶瓷文化。人才的支撑为陶瓷产业的升级与创意的设计提供了新的动力。在景德镇陶瓷人才的需要方面，景德镇制定了一系列的政策，并出台了相应的方案，在人才质量提升、人才奖励机制以及人才生活配套设施等方面给出了很大的支持力度，吸引了众多陶瓷专业人士前来，形成了创意创新的发展模式。

正是这一华丽转身，完成了景德镇陶瓷的产业升级，使景德镇的陶瓷成为行业中的翘楚，也成了陶瓷产业中的"领头羊"，使中国陶瓷享誉海外。

（三）创意城市的主要特点

1. 创意产业为城市发展提供新的动力

随着经济的发展，人们的物质生活水平在不断地提高，对物质的依赖程度较之从前有了很大的改善，人们开始注重物质文明与精神文明相结合的生活方式。在我国的经济增长过程中，积极的增长方式开始发生变化，主要表现在知识与技术在经济增长过程中的比重越来越大，还表现在创业产业与知识密集型产业的迅速发展，这些企业的核心是创意，是知识，对城市经济的转型与发展有积极的作用。对于国内的创意城市，其经济发展的主要特征是拥有很多发达的文化创意产业，其创意经济是空前繁荣的，经济的结构与运作模式合理，并且创意经济带给城市的发展空间是无限的，对城市的 GDP 增长及整体的城市综合实力提升有着重要的作用。

创意产业往往带动的是产业集群的形成，这些集群包括知识、服务、管理、经营、艺术创作等，创意产业的飞速发展带来的是城市经济的发展，它成为城市经济增长的新的亮点及动力，以此激活城市的经济活力、生产力、创造力等。将文化与创意引入市场，可以实现经济效益的转化，还能创造出更多的经济效益。同样，城市作为创意作品的展示窗口，将创意的信息、技术以及所体现的文化创意与底蕴展示出来，或者成为新鲜的元素进行再创造，投入其他行业，成为行业新鲜的血液，推动其他行业完成行业升级，以此来提升行业的竞争力。

另外，国家鼓励创意产业与设计、服务等产业的深度融合，带动传统企业以及新生企业的发展，赋予产品附加值和文化内涵，推动创意城市的构建。

2. 创意团队成为推动城市发展的主力

在当今时代，经济发展的重要来源是知识与创意。在创意发展过程中，创意团队是非常重要的，并且在社会发展过程中承担着越来越重要的角色，成为现今经济发展的主要生产要素以及彰显城市竞争力的一个重要表现。与传统观念的人才相比，创意团队不仅拥有基础的理论知识，更重要的是有着无穷的创意，注重创新与创意的理念，表现出以创新为终极目的的意愿。

在知识经济时代，知识和创意成为创造财富的重要源泉，其作为新的经济增长点的重要性不言而喻。随着创意阶层的崛起，人才，尤其是创意人才，无论在怎样的城市发展模式中，都日益成为经济发展中最主要的生产要素和城市竞争力的关键来源。相较于传统概念上的人才，创意阶层更加具有创新精神，也更加注重自主性和独创性，在工作中强调个人意愿的表达以及对创新的不断追求。成功的创意城市可以通过吸引工作团队来达到吸引投资的目的，这些人才分布在各个领域。创意团队不仅包括创意人才本身，还包括拥有创新意识与创新规划的一些高级人员，将这些高级人员拥有较高的教育水平和技术资源，在他们的引领下带来了创意产业的繁荣。经过不断的实践，无论发展创意产业还是发展创意经济，都离不开创意人才，创意人才日益成为创意事业发展的决定因素。

3. 注重创意发展的同时，重视城市外在因素的发展

外在因素主要指的是城市发展的外在环境因素。创意城市的发展是建立在良好的经济基础、开放的政策制度、先进的技术以及充足的资金之上的。首先，创意城市需要具备良好的经济基础，这集中表现在发达的创意企业上。我国目前的城市创意企业呈现出良好的发展势头，在总量与质量上有了很大的提升，这为创意产业以及创意城市的打造提供了发展的物质基础。其次，创意产业或创意城市的打造，需要做的是独特个性与气质的打造。目前所制定的相关政策在逐渐强调创意所带来的经济效益，开始根据具体的情况与城市产业布局因地制宜地对资源

进行创意地开发与利用。最后，需要强调的一点，创意城市的构建与原有的产业并不冲突，它的实施并不意味着重建，而是借助现有的资源进行创新性的再生，解决城市的发展问题。创意城市需要的不仅是资金的支持还有政府的扶持，此外创意城市的构建与高新技术紧密结合，因为创意城市的打造本身就离不开文化、科技、产业、市场等要素。

4. 创意城市持续打造创意空间与营造文化氛围

创意城市与文化是密不可分的，创意城市要打造的是一个具有多样性、开放性、包容性的文化环境，能为不同的、具有创意的群体提供创意的机会，这一点是创意城市能吸引众多创意人才的前提。

对于创意产业来说是需要有一定的受众群体作为基础的，如果城市受众具有一定数量以及较高的文化水平，那么对于创意产业来说具有极大的促进作用。同时，对于产业来说，其受众群体不仅仅是被动的消费，而是逐渐渗透到创意产品的各个环节，并通过与生产者互动来对创意产品及服务进行引导与创新。包容性对于创意城市构建而言十分重要，城市具有包容性才能吸引和容纳更多富有创意的人才，才能允许个性化、奇异化的思想的存在；而多样性的文化交流更容易产生思想火花的碰撞，有利于创新。随着经济的发展和教育水平的提高，人们的文化水平进入了一个新的阶段，对于文化上的消费也日益成为主流趋势，文化产业将带来新一轮的观念的升级，促进各行各业创意的发展。

创意空间主要是以创意产业集聚区或创意产业集群的形式而存在，它是创意城市发展的主要体现。一般来讲，城市的创意经济带会聚集在某个地段或区域。例如，工业建筑遗产、文化历史街区以及高校科研基地等等，将创意元素以创新的理念融入城市更新、工业遗产或是历史建筑改造以及新项目建设等，成为创意城市构建焕发新的生命力与主要驱动力的手段。创意城市注重文化氛围的打造，强调兼容并蓄，鼓励多样化的文化存在与发展，并以培养一批具有较高文化素养与创新能力的群体为目标，促进创意活动的开展，促进创意产品的产生与升级。随着创意城市的不断实践，文化创意产业也逐渐走向成熟，在规模与经济效益上不断扩大，为创意城市的发展带来了无限的生机与生命力。

5. 城市主题推动城市名片的发展

创意城市在发展过程中提出创意主题，这不仅促进了该领域的发展，同时还辐射相关领域进一步发展。在创意城市发展的过程中，确定城市主题并积极进行推广，不仅为创意城市的打造提供更多的发展机会，同时也传播了当地的文化特色，促进当地旅游业的可持续发展，对提升城市的知名度与打造城市名片具有积极的作用。例如山东省青岛市就充分利用城市的优势资源。以胶州湾以西的西海岸新区为契机，积极地发展电影产业、高新技术、文化旅游、餐饮服务、公共设施、教育等领域产业，并逐渐寻找这些领域的契合点进行深入的融合发展，形成具有城市特色的发展方向。

（四）创意城市的构建

我国在创意城市建设过程中，应当从国外优秀城市中吸取经验，从以下几个方面寻找建设思路。

首先，要完善创意产业的价值体系和发展模式。创意产业的发展是创意城市建设的基础。文化创意让消费者找到了商品的新价值，也就是观念价值。产业在发展过程中要积极进行改革，在产品设计和生产中体现观念价值，实现产业价值最大化。从这个角度来分析，产业要将创意、技术和产品进行深度融合，同时在产品设计和生产过程中重视市场的引导，挖掘产品的实用价值和增值价值，并将这种思维扩散到产业链上，构建出完善的行业价值体系，形成以核心产业为主，囊括支撑产业、配套产业和衍生产业在内的大型产业集群。产业集群的构建不仅能让消费者从各方面体验到创意的成果，还能将文化创意的经济价值充分挖掘出来。产业集群的构建是产业升级的一个路径。核心产业指的是能够不断产生创意、不断创造巨大价值的企业。在产业链建设中，核心产业占据主导地位。支撑产业就是要将核心产业的创意产品外化，要承担制作、宣发、发展的任务。配套产业则是指创意产业的环境和氛围的创建者，它不直接参与产品设计、生产和外化。与该创意产业相关的旅游产业、娱乐产业、餐饮产业等都属于配套产业。这些产业构成了创意产业发展的基本模式。

创意城市中创意产业的发展需要各行各业的普遍认同并积极地参与到其中来。当今时代企业产品的创新转向附加值、再生创意设计、创意策划、价值创新等方面，有助于实现产业不断创新与升级，从大的层面上，它可以进一步影响经济增长的方式。创意产业蓬勃发展正是解放生产力，发展文化的重要途径，在发展过程中需要借鉴其他成功的发展模式，利用各种创意成果来进行自我的更新与创新，促进产业之间的深度融合，积极推进创意成果经济效益的实现。

其次，要重视营造文化氛围。文化氛围是创意城市建设的人文环境基础，城市在文化氛围建设中也要注意创意资本的积累。一是消费资本的积累。在创意经济发展模式下，消费者还能成为生产参与者。消费者的喜好和创意某种程度上为创意产业的产品设计和生产提供了方向。在创意产业产品设计研发、生产制造、宣传推广和销售的流程中，消费者既能在研发阶段进行投入也能在终端销售上进行投入，并参与创业产业链的反馈机制形成，使创意产业产品生产与消费者的需求紧密结合，不断进行创新。二是教育资本的积累。教育是创意性城市构建的奠基石，要培养创意人才并非是一朝一夕的事，而是一个需要长期坚持的工程。完善教育设施、创新教育机制、倡导终身教育理念、储备创意人才都是积累教育资本的方法。

最后，要重视非营利组织的发展。非营利组织是根据一定的个人愿望和使命感聚合在一起的社会群体，他们是为了社会的进步以及经济的发展而设立的，是一群为了某种事业以及人类共同目标而奋斗的组织。他们的特殊性正是非经济利益的关系，他们在组织中的行为和工作都是自愿、自发的，他们对追求十分执着，这种执着和自发性是企业组织难以达到的。他们自发形成组织，凝聚社会力量，以相当大的正能量来解决当前社会面临的一些冲突与问题，并且成为经济社会向创意社会转型的主要动力。非营利组织的目的是维护社会的稳定与发展，他们追求社会效益的最大化，在创意城市发展的过程中，要充分地利用非营利组织构建社会，促进创意社会朝着良好的方向发展。

四、创意农业

（一）创意农业的缘起

创意农业源于农产品创新。在早期发展中，农业生产模式的创新、技术的创新、生产改造和农村生活环境的改造都属于创意农业的范畴。创意产业兴起之后，农业和农产品创新也逐渐被广泛关注，创意农业这个概念就是在这时正式形成的。

创意农业的概念形成于创意产业的发展中，但是创意农业与一般创意产业相比又有很大不同。从 1998 年英国的政府工作报告中提炼出的创意产业定义来看，创意产业包括广告、建筑艺术、手工艺品、电影、表演艺术、互动休闲软件、出版、电视和广播等行业。显然创意农业并不在此列当中。创意农业也与传统农业不同，表现在有不同的生产方式，它是一种现代化的农业形式。所以创意农业应定义为将创意与农产品、农村自然资源、农业生产、农村文化融合，并与市场需求匹配的农业生产形式，是将创意产业和现代农业结合的新兴业态。创意农业拓展了农业的生产领域，提升了农产品的附加价值。创意农业中包含了创意产业和现代农业的特色，既让农业有了新的发展方向，又让创意产业思想在农业领域得到了灵活应用。

（二）创意农业实践的模式

1. 农业产业化模式

农业产业化模式大多产生在我国东部沿海的经济较为发达的地区。主要形式是农民成立专业合作社，以当地龙头企业的发展为基础。这种模式产业化水平极高，使农村实现了生产聚集和规模化经营，产业链以农产品为中心不断延伸，带动相关产业快速发展。

2. 文化资源利用模式

文化资源利用模式主要产生在一些拥有文化资源和旅游资源的特色区域，例如，围绕古村落、古建筑而建的村落或者拥有有名的传统民俗的地域等。这些地区拥有丰富的乡村文化资源，非物质文化特色鲜明，其文化有较高的展示价值和传承价值。例如河南省孟津县平乐村，平乐村建在汉魏故城的遗址上，有深厚的文化底蕴，这里的农民牡丹画全国知名。近些年，平乐村开始重点发展农民牡丹画产业，力求将其打造成"有名气、有特色、有依托、有基础"的闻名产业，这里产出的作品销往全国各地，甚至在日本和新加坡等国家开拓了市场。以农民牡丹画产业为基础，平乐村还开展了乡村旅游产业建设，并不断扩大其规模。平乐村的发展模式可以概括为"一幅画、一亩粮、小牡丹、大产业"，平乐村也因此被文化部和民政部誉为"文化艺术之乡"。

3. 生态资源开发模式

生态资源开发模式主要存在于生态环境优势明显的区域，这些地方自然资源丰富，田园风光优美，乡村特色明显。在现今社会中，生态环境在旅游行业发展中具有最有潜力的优势。例如，浙江省湖州市山川乡高家堂村。高家堂村拥有大量竹林资源，当地生态环境原始，自然环境优美。高家堂村以"生态立村——生态经济村"为发展理念，充分利用当地的生态资源进行旅游区建设和产业开发。在这一过程中，高家堂村开发出竹围廊、竹地板、竹灯罩等乡村特色明显的竹制产品，围绕特色竹制产业形成了功能性突出的生态农业产业布局。高家堂村的经济也因此而获得了迅速发展，生态农业和生态旅游产业发展势头良好。在此基础上，村子里也修建了许多与周围环境契合的健身公园、观景亭、生态文化长廊等文化休闲设施，鼓励村民发展竹林培育模式、生态养殖模式与农家乐经营模式的结合模式。如今高家堂村已经成了集生态型竹林产业、生态型观光竹林基地和竹林鸡养殖基地于一体的多元化农业生态发展村，村子的经济也进入了腾飞的阶段。

（三）创意农业的实践功能

1. 活化利用农村文化资源

农业的发展基于农村，创意农业的发展更离不开农村文化资源的发掘和利用。

我国是农业大国，农业发展历史悠久，形成了丰富的农村文化资源。农村文化资源主要包括民风民俗、民间表演艺术、民间工艺、农村传统饮食文化四种：民风民俗是指农村的传统服饰、节庆和祭祀活动、传统建筑、景观，以及和农业生产节点、活动相关的典故和民俗等内容；民间表演艺术包括武术、戏曲、花灯表演、杂技、舞龙、舞狮等；民间工艺包括雕刻、剪纸、编织、花灯制作、陶瓷、漆器等工艺品制作与生产技术；农村传统饮食文化包括农村野味、农村土特产、农村原生态蔬果、农村特色小吃等。这些经历长时间形成的富有特色且文化积淀深厚的农村文化资源是创意农业发展的基础和源泉，而创意农业的发展和形成过程中，这些古老的文化也将焕发新的生机。

在现今的社会发展形势下，创意农业正迎来黄金发展时期，农村文化发展过程中要利用好这些文化资源。对于一些缺乏货币资本，但是拥有丰富文化资源的农村地区而言，利用独有的文化资源发展创意农业是走上致富道路的重要方式，能够针对城市人民的精神娱乐需求建立起独具特色的文化产业，形成新的经济发展格局。例如，陕西省安塞县。安塞县的安塞腰鼓、歌舞、剪纸等民间艺术有上千年的历史和文化积淀。安塞县以这些传统艺术为主体，将其打造成特色文化品牌，推向市场，使文化资源转变成产业资源，不仅打开了致富之门，还吸引了货币资本，发展了当地的产业和经济。安塞县也从传统的农业县转变为文化产业县，为我国农村经济发展和农村社会结构改革树立了典型。

2. 满足和释放文化消费

创意产业发展的内在动力是大众文化消费需求和文化消费总量的增长以及大众文化消费水平的提升。从马斯洛的需求层次理论中我们可以得知，在物质需求满足后，精神文化需求将大幅度增长。国民文化消费状况调查显示，少数居民认为文化消费"非常重要"，较多的居民认为"很重要"，认为"一般"的居民占比最大，认为是否进行文化消费"无所谓"的居民占比最小。在接受调查的人群中，有不到两成的农村居民认为文化消费"非常重要"，而"北上广深"等大都市居民中持这一观点的比农村居民少得多，其他一类城市中持这一观点的占居民较少，二类城市中持这一观点的高于一类城市，三类城市中持这一观点的高于二类城市。从以上数据中我们可以得知，农村居民的文化消费需求也在逐步增长，农村是未来文化产业市场开拓的主要地区。但是就目前而言，农村人民的文化需求并没有得到满足。

长久以来，农村文化需求的供给来源于政府兴建的图书馆、文化站、电影院等文化基础设施。创意农业兴起之后，农村文化供给的方式和手段都有所改善，不仅增加了公共文化服务项目，还拥有了许多文化消费产品，满足了不同群众的文化需求。例如，运用现代加工技术，结合现代创意思维将原生态的农业产品进行加工就能生产出高档的工艺品和礼品，这些创意产品不仅能够满足人们的精神和物质需求，也给予了消费者视觉和味觉的极致享受。

3. 创新农业经济增长方式

创意农业的发展离不开经济实力的支撑，创意产业发展的目标也应是提升农业产值，发展成农村经济的重要支柱。例如，福建省南安市梅山镇蓉中村。蓉中村面积狭小，没有海洋资源和山区旅游资源，更没有矿产资源，这样的小村庄却发展出了自己的创意农业产业。蓉中村在"经济先行、文化引领"发展模式的引领下，在当地的"招商选资项目年""回归创业工程"等活动中引进了和兴办了许多企业。其中包括与国家级艺术院东方歌舞团共同组建的"中国东方演艺集团蓉中文化产业有限公司"，并以此为基础展开了文化艺术培训、舞台演艺项目合作、影视产业合作、影视基地的开发与建设、文化品牌的延伸与附加价值建设等文化合作项目，形成了集影视城、影剧院、艺术培训中心和文化产业于一体的文化产业中心，也创造出了蓉中村的经济发展基点。

新经济增长理论认为，经济增长主要依靠人力、技术等生产资源的变化以及由此产生的规模收益的递增。在传统农村经济发展模式中，农业发展的生产要素是土地、人力劳动和生产资本。创意农业的发展更重视生产要素的内化，文化资源、智力资本、科技都可以成为农业生产要素，突破了传统农业的束缚，将农村经济发展带进了新的领域。

-- 122

自故宫带起博物馆文创的热潮后，非遗文创便也走上了"活化"之路。非遗和文物一样，不能只作为艺术品被收藏，还要符合当代人的审美和节奏，回归大众的生活，文创便是其中最快速和便捷的方式，经过这几年的宣传和文化熏陶，国内尤其是年轻人已经对非遗产生了非常大的兴趣，相比于文物，大部分的非物质文化遗产都继承了一定的中国式美学意境，更容易将其文创化。本章主要对非遗和非遗文创产品的关系与转化以及非遗文创产品的现状、设计、开发等方面进行了分析。

第一节　非遗和非遗文创产品的关系与转化

一、非遗与非遗创意产品的相融并生

非物质文化遗产创意产品指的是以非物质文化遗产为主要资源进行的文化创意产品设计。在中国，开展本土文化创意产品需要将非物质文化遗产研究成果、非物质文化遗产的传统工艺、产品设计创新这三个要素相融合，本着积极进取的发展思路。需要指出的是非物质文化遗产与非物质文化遗产文化创意产品是相融共生的，非物质文化遗产的产生最关键的是对非物质文化遗产的原生态的继承，

可以说非物质文化遗产的原生态是非物质文化遗产的灵魂，离开了原生态性，文化创意产品也就失去了存在的意义。从非物质文化遗产到非物质文化遗产文化创意产品的转化，或多或少因为客观存在的因素而发生变化，但循着"以不变应万变"的模式，非物质文化遗产的原生态就是其不变的宗旨。因此在进行创意转化的过程中，一定要遵守这一原则，只有把握了这点才能使创意产品走得更远，才能在产品的基础上形成创意产业，进而形成产业链，对非物质文化遗产的深厚底蕴与优良传统加以继承与发展，也让创意产品具有更多的附加价值，提升创意产品的文化品位。在创意产品开发的过程中，大英博物馆的资深文创者约翰·罗伯特说道："我们遵循的原则是，避免因为新潮设计师而使衍生品带有连接的消费质感、丧失文化的本性品格。"约翰·罗伯特这里所说的本性品格就是非物质文化遗产的原生态，需要对重要文化遗产的本真性加以保护。

　　非物质文化遗产文化创意产品的创作灵感有的取自非物质文化遗产的文化内涵；有的选取了精美的图案；有的利用的是它的制作工艺；有的则是它们的结合。在其中图案与文化方面是易于操作的，关于制作技艺，可能要复杂很多。前两项更加符合现代生产模式，可以进行批量生产，但缺点是可复制性增强，容易被他人模仿，这样就容易失去竞争力。在转化的过程中可以培养非物质文化遗产的传承人逐渐转化为产品的设计师，当然这一操作具有一定的难度，这样可以促使设计师与非物质文化传承人合作，共同承担起产品的制作，在这一过程中，非物质文化遗产可以担起创意产品制作的关键环节，在这一环节中往往加入了手工制作，不仅实现了非物质文化遗产创意产品的独特性，增加了创意产品的附加值，还可以增加非物质文化遗产传承人的收入，让传承人继续从事相关领域，得到了精神上与物质上的双重回报，使非物质文化遗产的创新迈向一个新的台阶。

　　非物质文化遗产的特征之一是具有活态性，这一特性决定了非物质文化遗产不是静止不变的，而是在口耳相传的过程中一直存在着变化。对于非物质文化遗产的生产性保护，一些学者认为，能让传统的技艺既保持其本身的流变性，又不至于流变过快，失去了非物质文化遗产的原生态，或许应该在生产性方式保护的过程中，既不忽视其流变性，也要在合乎文化发展的规律以及手工艺流程的基础上进行技法上的创新，这是生产性方式保护的一些基本道路。流变性的特征比较明显，可能从甲地传播至乙地的过程中就发生了变化，同时由于时代的不同，也会在每个时期呈现出不同的特点，也可能在某一阶段发展很快，在某个时期又停滞不前；可能经过卓越的传承人的创新性发展后而呈现出被大众喜爱并风行一时的状态，也可能随着时代的变迁而消失，所以非物质文化遗产的传播是一种继承与发展、一致与差异、发展与停滞的状态，即使它在不断地发展与变化。非物质文化遗产的变化也会引起非物质文化遗产创意产品的变化，同时非物质文化遗产作为现代创意产品也会因为审美、发展、受众等因素注入更多的现代元素，发生不断地变化，进行包装、技术方面的迭代更新，但非物质文化遗产与非物质文化遗产创意产品之间仍然存在一致性，两者贯穿的根本性就是非物质文化遗产的原生态性，这是两者之间相融共生的根基。

最近几年的发展使得非物质文化遗产的创意产品成为一个热门话题，文化创意产品也在热门领域快速发展，而非物质文化遗产传承人与非物质文化遗产创意产品的设计师之间的界限越来越模糊，呈现出相融并生的状态。在一些工艺美术项目中，传承人也开始兼任非物质文化遗产创意产品的设计师，而且一些企业也开始注重对非物质文化遗产的开发，一些设计的理念开始倾向于从非物质文化遗产中找灵感，因此他们创作出的产品也归入了非物质文化遗产创意产品的一部分。并且一些现代企业的设计师开始转向非物质文化遗产元素，并尝试以非物质文化遗产相关的各种题材为创作元素，进行文创产品的设计，所以传承人与设计师之间的界限开始模糊，两者都能为非物质文化遗产的保护与继承做出贡献。

二、非遗和非遗文化创意产品的转化

（一）激活非物质文化遗产创意产品开发模式

非物质文化遗产与文化创意理念的结合，并不是 1+1=2 的简单相加，而是需要发展适合中国特色的非物质文化遗产创意产品。我国拥有的世界性非物质文化遗产项目众多，而涉及省、市、地区的文化遗产更多，如此庞大的文化资源，对非物质文化遗产创意产品的发展具有积极的意义，两者的结合需要依据当地的特色，根据地域、民族、经济、风俗等具体分析。目前大多数地区开始了非物质文化遗产的创意转化，但做大做强的案例并不多，亟待大展手脚。

在国家和政府十分看重的非遗保护工作的开展过程中，管理者要始终秉持创新理念，将其融合进相关工作之中，对于传承人的首创精神要始终保持尊重和认可，那种肆意妄为地更改传承人理念和想法的行为是万万不能出现在非遗工作的开展过程中的。从社会的层面来看，我们要为传承人提供更便捷的生活和学习方式，为他们提供去高校学习和进修的机会，尊重他们自身的想法，而不是将大家聚在一起开展强制性的培训活动，这样其实对于传承人自身的发展是十分不利的，避免出现"一刀切"的情况。如果让传承人们普遍都去学习那些世界上主流的西方艺术思想，将不合适的艺术创作手法运用到中国的传统技艺之中，中国的非物质物化遗产将失去原有的"滋味"，失去了"自我"，就像如果让本来画唐卡的人，转而去学习素描或油画，他们可能也会感觉无所适从、无从下手，这样就会导致他们在长时间的学习过程中失去自我，进而失去了原本非遗的"味道"。随着国家对于非物质文化遗产传承的重视程度的不断加深，社会和民众也日益明白保护、认识和传承非物质文化遗产的重要性，要坚持本国的传统文化积淀不被外来文化"侵略"。例如，上海工艺美术职业学院（简称"上海工艺美院"）十分重视非遗传承，现在已经建成相关的系统化教育教学体系，并向校外聘请了众多非遗传承人到校开办讲座和艺术活动，甚至将他们聘请为正式的讲师到校为学生授课，使学生能够从原真性的角度就接触到非物质文化遗产的核心思想和技艺，与此同时，这对于高校的文创产业发展也是十分有帮助的。

由此看来，上海工艺美院对于国家文化和艺术发展的大方向始终保持清醒的认知，清楚地认识到了学校的未来发展方向，因而受到了社会民众广泛的青睐和认可。

杭州十竹斋艺术馆的馆长魏立中，他同时也是国家非遗项目——木版水印技艺的代表传承人，受邀在北大附中和北医附中等学校建立了木版水印传承中心，新颖的艺术形式受到广大中学生的喜爱。另外，魏立中先生在杭州实验小学所教授的木版水印课程被评为省级和市级的精品课程，在其教授过的学生中有一部分后来在复旦大学和天津师范大学等高校担任课任教师，这就是文化和技艺的一种传承形式。与其选择让传承人被动接受西方艺术和美学思想，不如让他们充分发挥自己的主观能动性，深入到教学课堂之中，这种非遗技艺的传承形式才是真正值得被肯定的。

只有具有创新意识的传承人才能够在文化广泛交融的时代中始终坚守住国家传统的文化意识和形态，才能将我国的非遗文化和思想渗透到社会民众之中，才能在时代洪流中不被时代所抛弃。尤其是传承人自身要紧跟时代的脚步，切忌故步自封，秉持创新理念将中国传统文化技艺在原有的基础上通过不断创新使其在新时代焕发出新的生机活力，这样才能延续不绝，而非整容式地改变其原本的面貌。除此之外，政府相关部门还在《中华人民共和国非物质文化遗产法》基础上，对我国重点非遗项目给予了大力支持，为传承人们提供资金和学习等诸多方面的便利。同时，我们需要铭记的是，不仅是传承人和国家政府部门是非遗传承的主体，社会中的每个人都应该积极踊跃参与到非遗文化和技艺的传承过程中，在这个过程中我们要始终秉持将"传承人"放在核心地位的观点和理念。现在学校的艺术专业的设计艺术理论多来自西方，缺少对中国传统文化的深刻认知，如果在培训非物质文化遗产传承人时，只是进行短期的培训，无法获得系统的知识，并且西方的知识理论体系并不适合非物质文化遗产的内容。所以在非物质文化遗产的呈现上，要以传承人为核心，由策划者、设计师等进行综合的策划与统筹，体现出对非物质文化遗产的"量身定制"，帮助传承人进行产品的改良与创新。在这一过程中，策划与设计师承担的任务是"经纪人"的角色，是迎合了市场的一场精心的策划，再加上传承人独特的技艺，使得非物质文化在开发过程中各方面得到有效的衔接，资源也得到充分的利用，是尝试与大胆实践的一种开发模式。

现阶段，以传承人为核心的文化创意产品开发模式主要有以下几种：

第一，非遗文创产品"体验+"。黄河流域的各大古都均拥有众多的传统技艺类非遗项目，如西安的楮皮纸制作技艺、开封的"汴京灯笼张"制作等，目前虽有相关的文创产品售卖，但是效益并不理想。通过将该类传统技艺类非遗项目作为核心卖点，对制作环节进行提炼，进行研学产品的开发，可以有效改变这一现状。在进行此类产品的开发时，需要特别注重两个方面，一是确保非遗传承人的主体地位，非遗传承人作为非物质文化遗产的身体形态的载体，作为与某一非遗文化联系最密切、对某一非遗文化掌握最深刻的人，在非遗传承发展，尤其是体验式非遗研学产品的开发方面具有不可替代的作用。例如开封市可以依靠当地"灯笼张"这一国家级非遗资源，进行传统灯笼制作研学产品的开发，而最行之有效的手段，便是与"灯笼张"第七代传承人张俊涛先生进行合作，由其作为教学主体，开展传统灯笼制作这一研学产品的开发。二是体验式非遗文创需要借助特定的文化空间，如非遗博物馆、旅游景区、非遗传承馆等。借助此类场馆，一方面可以为体验式非遗文创产品提供场所，另一方面可以为更多人接触到非遗文创产品奠定物质基础。我国"十四五"规划中强调，要在2025年之前建立20个国家级的非遗馆，鼓励有条件的地区建设地方非遗馆。黄河流域各古都依托其丰富的非遗资源，建立具有地方特色的非遗馆，必然会取得良好的效果，为体验式非遗文创产品提供良好的发展空间。

第二，非遗文创产品"表演＋"。传统舞蹈、民间传说等作为非遗的无形文化资本，通常具有极高的文化价值、艺术价值，但是由于没有具体的物质载体，开发存在一定的困难，所开发出的产品也较为空洞，难以体现文化内涵，经济价值也相对较低。而通过新资本的投资、新科技的应用以及新审美体验的加入，可以将其开发成独特的舞台表演节目，将无形的文化资本有形化，从而使其投入资本市场，以提升其经济价值。此类非遗文创产品的开发路径即通过现代化的舞美编排，融合当代人喜欢的艺术形式，将无形的传统音乐、舞蹈以及民间传说等门类的非遗资源开发为表演式的非遗文创产品。表演式的非遗文创产品的独特之处在于，它并非像实体文创产品一样直接投入市场而获取收益，而是售卖品牌以及创意。以2021年河南卫视端午晚会中的《洛神水赋》为例，该节目便是将洛阳的民间传说类非遗——河图洛书传说进行编排，通过水下舞蹈的形式呈现在大众面前。这一节目一方面获得了可观的经济收益，另一方面为打造"洛神水赋"这一IP，进而为衍生产品的开发提供了可能。表演类的非遗文创产品的开发还可以与当地景区合作。如开封的清明上河园景区便通过深挖开封当地的皮影戏、幻术等非遗项目，开发出皇家皮影戏、古代幻术等表演节目，现已经成为其吸引游客的主要卖点之一。表演式的非遗文创产品的开发，可以将非遗文化进行外释，进而使无形的非遗文化有形化，使原本已经没落、大众知之甚少的非遗项目拥有更高的曝光度，同时可以带来巨大的经济效益。

第三，非遗文创产品"互联网＋"。近年来，"互联网＋"模式逐步渗透于各行各业，为行业发展带来无限可能。而将互联网思维融入非遗文创开发领域，通过"互联网＋非遗＋文创"产业模式，进行非遗文创产品的开发、呈现以及营销，可以对传统的非遗文创发展模式进行重塑。

（1）非遗文创产品的研发

可以借助"互联网＋创意"为非遗文创产品注入新的活力，以年轻化的方式展现给大家。以往非遗文创产品的开发不外乎马克杯、文化衫等形式，而借助互联网，可以丰富其形式，提升其创意属性。如 QQ 表情包"多福的太极拳日常"，便是将太极拳这一非物质文化遗产开发成当今消费者喜闻乐见的表情包，截至 2021 年 6 月，其下载量已经达数十万次；依托鹤壁非遗泥猴打造动漫 IP"嘻多猴"，年产值超千万元；取材自浙江嘉兴地区民间传说的非遗实验音乐剧《五色螺》，以及抖音音乐采取将非遗音乐与流行音乐相结合的形式推出的非遗音乐合辑《国韵潮声》等，通过数字专辑的形式进行售卖，也不失为具有实效意义的探索。

（2）非遗文创产品的呈现方式

以往人们了解非遗往往依赖线下游览，非遗文创产品也只能在线下文创店才能接触到。借助近些年日益成熟的 AR、VR 技术，建立以互联网为依托的非遗数字展馆，可以将原本民众难以接触到的较为枯燥的非遗文化，以更加灵动、富有感染力的方式呈现出来。一方面可以有效地激发民众对非遗文创产品的兴趣；另一方面可以打破其呈现的时间、空间限制，使更多人有机会接触到非遗文创产品。如西安世界级非遗项目西安鼓乐，通过 AR 和 VR 技术能够带来沉浸式体验，营造关于西安鼓乐起源传说的虚拟场景，将西安鼓乐近距离地展现给观众，使观众能够深入感受到这一非遗音乐的魅力，从而扩大其传播范围。此外，还可以借助互联网平台进行非遗文创产品的展示，如举办具有非遗元素的时装秀，一方面唤醒大众对非遗的美学认知，另一方面使更多的人接触到非遗文创产品，并对其产生更为深入的认知。

（3）非遗文创产品的营销

非遗文创产品的营销需要改变以往简单的线下销售模式，通过对互联网，尤其是新媒体平台资源进行整合，拓宽非遗文创产品的销售渠道。将传统线下售卖的非遗文创产品搬上互联网，成为非遗文创产品销售的主流模式。以河南省博物馆出品的"考古盲盒"为例，其最初仅在河南省博物院进行线下销售，虽在网上形成了良好的口碑，但是受购买渠道的限制，其销量提升受到较大阻碍，而在线上平台进行销售后，其销量出现飞跃。借助互联网平台进行非遗文创产品的销售，必须增强知识产权保护意识，将非遗打造成具有价值的 IP 并非易事，但是抄袭创意却轻而易举，如近年大火的"唐宫夜宴"这一商标被抢注，造成大量仿制的文创产品泛滥，便是最深刻的教训。

从目前国家众多非遗项目的发展和保护情况来看，凡是那些发展状态比较好的、社会认可度比较高的、品牌影响范围大的项目，在经过研究调查后被发现，这些都与这个非遗项目传承人的连接十分紧密。对于一个非遗项目来说，传承人是至关重要的一环，其掌握着关于这个项目的丰富知识和技艺手法，可以说是国家非物质文化遗产的继承者和传递者，也是在非物质文化遗产传承过程中信息的重要载体。另外，代表性传承人和一般传承人也有所不同，其不仅身上肩负着传承重要历史文脉的重要使命，同时也代表着这一领域中的最高水准。

从非物质文化遗产保护的角度来说，不仅是非遗传承人，社会机构、相关部门和社会民众在其中发挥的作用也是相当大的，是整个传承过程中的重要主体。对于传承主体来说，他们的职责是再创造和再传递，而保护主体的职责则是保护最基本的创作条件和大环境。由此看来，其实保护主体是无法做到越俎代庖的，而这种情况也不应该发生在非遗项目的传承过程中。在实际的非遗传承过程中，我们要始终将传承人的意见和看法放在首位，保护好他们的主体性和创造性，同时，作为保护主体，也要充分履行好自己的职责，这也是保护非物质文化遗产能够持续而科学发展的内在基础。

（二）非遗与非物质文化遗产生产性方式保护

从目前非遗项目的保护情况来看，我国的非遗保护在法律上的制定情况还是值得肯定的，传承人和非遗项目都可以得到保护，破坏非遗的当事人也会受到应有的责罚。在长时间的保护实践过程中，我们逐渐探索出了多条保护非物质文化遗产的有效路径，如生产性保护、整体性保护、抢救性保护和活态性保护等等，这些措施都在实际的工作中得到了有效利用和实施。

非物质文化通过生产、流通以及销售环节，可以使非物质文化遗产融入现代语境，在传承过程中获得经济效益，促进了现代文化创意产业的发展，在发展中还创造了可观的经济效益。需要注意的是非物质文化遗产与其他的产业存在着较大的区别，非物质文化遗产创意产业在追求经济效益的同时，更多的还要对非物质文化遗产进行生产性方式保护。一些非物质文化遗产具有较高的经济开发潜能，可以将之作为生产性方式保护的对象，将其精神及文化层面的东西与现代产业接轨。

并不是所有的非物质文化遗产项目都适合走创意开发的道路，对一些严肃的、具有神圣信仰的非物质文化遗产项目需要谨慎考虑。如果生搬硬套，不但起不到传承的效果，还有可能适得其反，对非物质文化遗产造成破坏。一些适合转化的创意产业，就需要在把握好非物质文化遗产本真的基础上进行创造性开发，"内联升手工制鞋工艺"的开发就是一个成功的产业案例。从历史发展的角度来说，千层底布鞋制作技艺已经传承了许久，在中国的制鞋史上处于举足轻重的地位，是凝聚了中华儿女优秀品质的代表作品，同时也是能够代表中国鞋文化的一大力作，是具有极高的历史和文化价值的。由内联升所制作的千层底布鞋一直沿用我国的传统技法，最终可归纳为四个字，那就是"一高四多"。其中，"一高"指的是对工艺水平的要求高，而"四多"分别指的为制作工序多、布鞋品种多、纳鞋方法多和纳底花样多。通常情况下，我们认为千层底布鞋的技艺传承一直是采用的师徒传承制，就是在这样的模式下，中国的布鞋技艺才能够一直传承下去，才能够不被新时代淘汰。

对适用于生产性方式保护的项目并不是只局限于生产状况很好的企业，而是一些可以生产，但与现代市场脱节的项目，可以运用生产性方式保护项目进行他们的产业模式构建。在构建的过程中，应该将非物质文化遗产自身所具有的文化本质弄清楚，找到自身发展的规律。传统手工工艺与现代生产模式之间存在着巨大的差异，甚至矛盾，现代化生产在一定程度上打压了传统手工艺，但正是手工工艺的存在展现了非物质文化遗产的独特魅力，同时传统手工工艺也制约着现代生产的规模，不能进行批量的生产。所以针对非物质文化遗产的保护与开发，应该结合当地的具体情况有针对性地制作，使得非物质文化遗产既得到很好的继承与发展，又在保持了其本真性的前提下创造了更多的经济价值。

（三）文创之于非物质文化遗产传承的价值

随着国家不断重视非物质文化遗产的保护，将非物质文化遗产的元素融入文创产品设计中，使得与传统文化遗产相结合，最终实现了对文化遗产的保护与传承，这也成了当代设计师面对的新的任务与挑战。如今，全国各个地方都兴起了非物质文化传承热，采取了一些积极的措施与强有力的手段，例如建立非物质文化博物馆、开展公益性的非物质文化群众活动、举办非物质文化大讲堂等等，呼吁大家一起来保护非物质文化遗产，使它能得到继承和发展。非物质文化遗产常常是一个地区、一个民族优秀文化遗产的代表，将其文化内涵及审美底蕴体现在特定的文化创意产品中，既可以表现我国民族的核心精神，也能进一步地促进优秀传统文化的弘扬与发展。

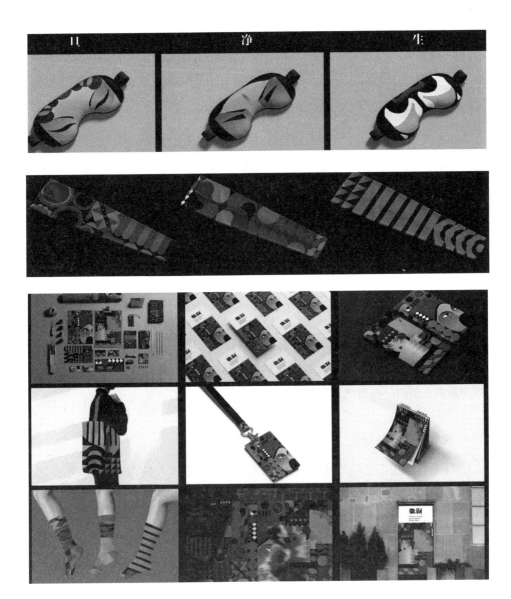

图 4-1-1　徽剧系列文创设计（设计：王若萌）

徽剧系列文创设计从传统形象的具象提取到抽象几何运用表达，传达徽剧文化的现代表达方式，引起青年人对传统文化的好奇与探索。通过设计深度挖掘文化内涵，为徽剧系列文创产品提供更丰满的文化形象。

1. 有利于弘扬非物质文化遗产独特的文化魅力

随着人们日益迫切的高层次精神需求，越来越多的人开始走进博物馆、文化馆、美术馆、图书馆等文化场所，从而丰厚自己的文化底蕴，提升自己的精神境界。非物质文化遗产文创产品是一张承载着中华民族古老时代记忆的明信片，具有深厚的文化底蕴，将其转化为文化创意产品使消费者除了享用文创产品的物质功能以外，还能充分地享受其文化的功能。由于各种原因，有时消费者无法到具体的非物质文化遗产现场去亲身体会非物质文化遗产的独特审美与文化底蕴，但可以通过购买非物质文化相关的文创产品获得非物质文化遗产的直接体验，因为非物质文化本身就是一种特定的文化符号。承载着这种非物质文化遗产的符号文化创意产品能向消费者传达出独特的审美体验，带领大众感受到真实的非物质文化遗产，赋予了非物质文化遗产以现代的审美因素，契合了当代消费者的文化心理需求。而非物质文化遗产随着时代的不断变化，其社会功能以及文化价值的实现需要依托新的环境、新的载体进行传承。与非物质文化遗产相关的文化创意产品的开发就为非物质文化遗产传承提供了相当好的平台以及机会；这种方式对于弘扬非物质文化遗产的文化内涵与审美有积极的促进作用。

2. 有利于唤起大众对非物质文化遗产的自觉保护意识

当今社会，全世界对非物质文化遗产的保护和传承相当重视，不仅有国家层面的法律法规、政策的支持，还有地方支持以及社会大众的广泛支持，只有更多的人知道非物质文化遗产，认识到非物质文化遗产的重要性，才能肩负起保护和传承非物质遗产的重任。而将非物质文化遗产与创意产品结合可以使非物质文化遗产进入大众的视野，与大众的生活发生密切的关系，通过亲密的接触来唤醒消费大众对非物质文化遗产的保护。在岁月历史的长河中非物质文化遗产得以代代相传，承载的是我们古人的生活智慧，具有深厚的文化基础。但是这种历史性似乎与现代的年轻群体脱节，许多的文化形态以及手工工艺只能停留在老一辈的传承人手中，而年轻人由于不了解非物质文化遗产，更别提对非物质文化遗产的保护与继承，所以在唤起大众保护非物质文化遗产意识之前，首先要鼓励年轻人多去了解和关注非物质文化遗产，去感受非物质文化遗产的独特魅力。通过非物质文化遗产与文创产品设计的融合，在保持非物质文化遗产原生态本真性的基础上进行现代创新，以迎合广大群众的审美倾向为契合点向大众展示，推动非物质文化遗产文化创意产品走出去，这是唤起大众保护非物质文化遗产的重要措施。大众在学习非物质文化遗产的过程中，可以进一步加强对非物质文化遗产的感情，发自内心地热爱非物质文化遗产的魅力，逐渐升华为一种自觉的保护意识，增强文化自信与民族自豪感。

3. 有利于非物质文化遗产空间上的拓展

非物质文化遗产最好的状态并非将它保护起来封存完好，而是要将其活态性的特征发挥到极致。非物质文化遗产本身具有活态性的特征，需要通过人发挥其主观能动性进行创新与创造。非物质文化遗产是需要大力传播与推广的，可以通过现代多种途径推广到大众的日常生活中去，而其中最有效的途径莫过于将其融入文创产品之中，这样就这一定程度上拓宽非遗传播的空间和途径。虽然从某种层面来看，非物质文化遗产仿佛与我们现在所处的信息化社会之间是存在许多不同点，甚至可以说是存在着重大的历史鸿沟，这就将"传统"与"现代"之间的差距体现得淋漓尽致，但非物质文化遗产可以经过巧妙地转化，符合普遍性、大众化的审美倾向。不仅可以直接融入公众的日常生活中，也可以巧妙地植入创意文化产品中，而那些融入非物质文化遗产文化与审美的文创产品能让现代人产生更多的兴趣，也乐意通过现代传播技术扩大非物质文化遗产的传播范围。

第二节　非遗文创产品的现状

中国作为非物质文化遗产大国，不仅有世界级的非物质文化遗产，还有国家级、省级非物质文化遗产，这些文化遗产分布在全国各地，共同组成了中华民族的优秀文化。近年来，国家非常重视对文化遗产的保护，在政策与资金上都有所扶持，这对非物质文化遗产的保护有着重要的意义。当然，也反映出了非物质文化遗产到了需要大力保护的阶段。现有的非物质文化遗产文创产品的开发已经处在了初期的摸索阶段，而且在实践过程中，非物质文化遗产文化创意产品要满足两个方面的要求：既代表着传统文化，为大家所熟悉，又可以与现代的时尚潮流相结合。这就需要往非物质文化遗产中注入源源不断的创新与创意理念，这是一个关键的因素，许多文化创意产品虽然问世，但因为与时代、年轻的群体有一定的距离，和其他具有明显竞争优势的文化创意产品相比，很快就失去了市场，陷入了僵局。

一、目前文化创意市场上的产品分类

文化创意产业在全球范围内迅速发展，已经成为国家经济一种重要的经济增长方式，也成为文化自信的重要建设方面。文化创意产品的传播也赋予了非物质文化遗产的形态多样化，使非物质文化遗产呈现多样化的趋势融入现代人的生活，实现了文化与产品的不断发展。在发展现状上，非物质文化遗产文创产品有了一定的成效。

文化创意产品涉及的范围非常广泛，从工业设计的角度来说主要分为三类：

一类是自然提取类文化创意产品，主要取自于自然界的奇珍异宝，针对现代人的审美需求，给其注入现代元素，成为创意类的产品。这一类产品具有天然的特性，受人工的干预较少，主要用于装饰与观赏，并且还能进行收藏或者使用。

一类是手工制作的文化创意产品，主要指的是依靠传统手工艺所生产的适合现代社会的产品，这一类产品品类众多，比如刺绣、木雕、骨雕、泥塑、剪纸、布鞋等，随着时代的发展，这些非物质文化遗产创意产品紧跟时代的步伐，拥有现代气息，创造出了很多具有时代性的产品。

一类是通过批量化生产出的工业生产类文化创意产品。与以上两类文化产品相比，这类文化创意产品的受众人数较多，生产较为严谨，在应用领域上也更广，受大众喜爱的程度也较大。这类产品注重文化与设计的结合，通过形状、色彩、材质、用途等使产品的文化基因得到凸显，同时运用现代技术进行批量生产，与现代人的生活方式密切相关。

二、非遗文创产业存在的问题

（一）文化创意产品趋于同质化，缺少创意元素

非物质文化遗产的消费市场分为本地市场与外销市场。本地市场的消费能力

有限，需要考虑的是走外销的道路。要将文化创意产品瞄准外部市场，特别是旅游市场。

目前，多数的非物质文化遗产类的文创产品有相当一部分是针对外来旅游的游客开发的，具有纪念的价值，这类非物质文化遗产文创产品与其他市场上如凤凰古城、丽江、乌镇、大理等旅游旺地的纪念品相似，并没有多少的差异，例如各种钥匙扣、茶杯、T恤等都是千篇一律，具有生硬性与同质化。对于普通消费者而言，买到的非物质文化遗产给人们的感觉无非是将地区的非物质文化遗产生硬地印在产品上，通过这些图案、纹饰的表达，也没有新奇的感觉，很难激发消费的欲望，即使消费了也很难有深刻的印象，更不会获得额外的审美价值了。

（二）文化创意市场缺乏联动性，习惯各自为战

目前，非物质文化遗产类的文创产品的开发并不具备规模，主要是由个体团队、小型企业进行开发，产品也呈现批量生产，但总体的规模不大。另外在产品设计与开发上的水平也是参差不齐。相关联的企业只是较为关注存量市场，在这一方面的竞争意识较强，而在资源的优化配置与相互借鉴、取长补短上，互相合作的时候较少，多表现为单打独斗、各自为战，没有区域性的意识也就难以形成合力，一方面导致设计产品低水平重复；另一方面也浪费了不少资源。有些非物质文化遗产类的文化创意产品一般由开发团队研发，然后再通过代工工厂进行加工。作为长尾型商品的非遗类文创产品，生产总量较为庞大，但生产款式品类多样化，单一产品订单较少，企业在面对供应商和代工生产企业时，因为不占优势，所以在议价能力上普遍处于被动地位，间接导致了非物质文化遗产类的文创产品在价格上的竞争力严重不足。

（三）现代的营销体系与展销的渠道没有打开

目前，非物质文化遗产类的文创产品的销售主要通过四种以下方式：首先是由政府部门主导的一些大的集中展会，如文化博览会、创意博览会等，通过

创意产品的展示和现场签约来实现销售。其次通过线下的传统销售渠道进行售卖。第三就是线上的商店，例如淘宝、天猫、京东等，适合大多数的年轻人的购物方式。最后是来自政府、企业以及社会的团体订购，这一部分通常通过特别定制来实现，将非物质文化遗产类的文创产品作为特殊的文化传统加以传承。

四大渠道从侧面反映出非物质文化遗产类的文创产品的营销模式是"重销轻营"，营销战略上侧重于以销售为导向，但经营得好才能有较好的销售业绩。非物质文化遗产类的文创产品具有文化性、功能性这两大属性，以销售为导向的营销策略往往只是突出了它的功能性，而买方可能更加注重的是非物质文化遗产的文创产品的文化层面，所以在一定程度上造成了买方的曲解，没有实现买方对于非遗类文创产品的真正消费需求，造成了营销渠道的不够完善。

非物质文化遗产与创意产品的结合较为生硬。需要强调的是，非物质文化遗产是在特定时期、特定区域反映民族个性与民族审美习惯的"活化石"，具有独特的审美特性，所以在文化创意产品开发的过程中要注意这种独特性的保留，不能为了单纯的非物质文化遗产或是文化创意产品而进行单独创意，而是要将非物质文化遗产与文化创意产品相结合，只有将二者有机地结合在一起，才能实现文化创意产品的价值。

市场经济条件下，要实现民族经济、文化等方面的创新，需要把创新作为根本动力。目前，我国的非物质文化遗产文化创意产品存在的问题还较多，没有很好地将创新与创意融入产品的开发与设计当中，其中最突出的地方是非物质文化遗产与创意产品的结合较为生硬，主要表现在三个方面：首先，有些文化创意产品是对非物质文化遗产的元素的照抄照搬，缺乏相应的灵动性，给大众的感觉就是元素的堆积，缺乏相应的内涵。其次，没有深入挖掘本地文化创意产品的地域独特性，没有形成一套体系，包括创意理念、地域符号特色、品牌等。最后，文创产品的包装也不齐，而且文创产品在价位上分化严重，有的价位很高，让大多数的消费者"望而却步"；有的价位较低，但缺少质感，没有让消费者感受到其独特的文化价值。目前的一些文创产品或是生硬的元素堆积，或是根据非物质文化遗产的实际形态进行一定比例的缩小，强行创意等，缺乏设计感与品质感，还造成了文创产品的使用价值、文化价值、审美价值的缺失。

从保护和继承来看，想要更好地保护，就要走产业化的道路，需要有高质量的、迎合大众审美的优秀文化创意产品，需要做的是从创意产品的整个流程中去设计与规划，将设计、生产、销售、售后等形成一个完整的产业链，就目前来看，我国的绝大多数区域还处在分离的产业之间，并没有将相关产业联系起来，形成闭合的链条。在非物质文化遗产文化创意产品的设计和开发上缺乏核心的团队以及创意研发中心，所以产品的同质化现象很突出，原本需要大力弘扬的非物质文化遗产，成了食之无味，弃之可惜的鸡肋，当务之急要加强非物质文化遗产的创新与创意，打造高质量的创意团队，为非物质文化遗产注入活力，再积极促进相关产业的融合，通过打通各个环节，实现非物质文化遗产产业的良性循环。

第三节　非遗文创产品的设计

一、非遗文创产品设计的原则

（一）文化性原则

毫无疑问，在设计非遗文创产品时，我们最需要关注的就是对其中文化内涵的体现。自然，面对不同的非遗项目，我们所使用的社会手法和文化的表现手法也会略有差异。正是因为这样，我们要求设计人员要在正式设计前能够对该非遗项目有非常清楚和深入的了解，再运用科学有效的方法将最终的产品设计出来，而且还要保证产品的特色性和独创性。通常情况下，受众是能够从一个优秀的非遗文创产品中感受到其中非物质文化遗产中本身蕴含的文化内涵的，同时让更多的民众加入非遗的保护行列中来。

（二）功能性原则

我们对于文创产品的定位不应当仅仅是"工艺品"，也并非是对于本身非遗产品的复制过程，而是要使其本身具有一定的功能来服务大众和社会。毫无疑问，人们选择购买一件商品时所看重的绝对不仅是它的外在形态，同时它本身被赋予的功能也是消费者衡量的一个重要标准。假如一件文创商品仅仅是做了其他产品的复制处理，那么显然这样的商品是很难受到当下时代人的青睐的，抑或与当代人的审美理念出现较大偏差，这样的商品最终可能只会被用作收藏，而不会在实际的生活场景中发挥作用。如果一件非遗文创商品缺乏实用性的话，那么这个非遗项目也就很难真正打动人的心灵，很难真正融入人们的日常生活，起到所谓非物质文化遗产的传承效果。由此看来，在非遗文创产品的设计过程中，我们要尤其注意其实用性的体现。

（三）创新性原则

设计师在设计文创商品时应当注意，"文创产品"是要体现一定的创新思维，而简单的复制显然就不能再将其称作是"文创产品"了，应该从现代化的角度去重新定义"非遗"，用现代的创新性和审美思维来使我国的非物质文化遗产重新焕发出新的活力与生机。从目前我国文创产品的产出现状来看，整体上这些商品还是具有一定巧思与创新性的，但是存在较为明显的同质化倾向。从产品类型的角度来说，也同样缺乏创新，目前大部分的文创产品类型都集中在书签、钥匙扣和冰箱贴等领域，缺乏一些具备亮点的产品。

二、非遗文创产品的设计方法

（一）提炼主题型符号

在文创产品的设计过程中，我们要做的就是对主体进行提炼，将其凝练成符号语言的形式。众所周知，非物质文化遗产本身是具有非常鲜明的民族性和非物质性特征的，而我们进行提炼时的关键就是要将其中得文化寓意总结、凝练出来。

1. 以可视形态促进文化传播

在设计非遗文创产品时，我们要灵活运用色彩和线条，这也是设计的基本元素。从故宫梁上的彩花到敦煌的艺术壁画，我们能够清晰地看出文化遗产本身所具有的鲜明的色彩和图案、故事表现力。由此，我们提炼出主题符号的关键就是运用现代的艺术表现手法将原本的传统非遗形象重构或解析，同时要秉持遵循传统美学观念将文创产品设计出来，但是这种设计应当是以"形态"为基础的。物质文化与非物质文化遗产之间的差异就在，物质文化是不具有文化再生性的，而这种性质主要就是由符合现代审美观点的意识形态表现出来的。将主题凝练成符号语言的好处就是，可以让社会民众消除对于该非遗项目的既定印象，从而可以从全新的角度重新认识这一文化形态（图 4-3-1）。

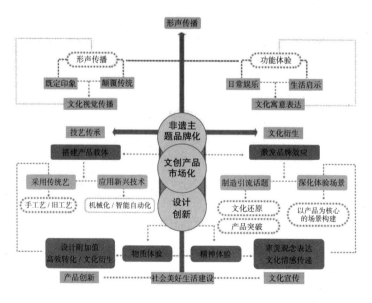

图 4-3-1 非遗文创产品设计方法

举例来说，设计师在提取与戏剧相关的符号元素时，就可以从戏剧的舞台服饰和动作方面入手，随后将其进行几何化处理，最后就变成了现在备受好评的新型玩具产品——昆剧积木（图4-3-2）。这种产品的问世，颠覆了以往社会民众对于传统戏剧的认知，以更为幽默和诙谐的形式重新出现在了人们的视野之中，同时也激发出人们对戏剧文化的热情。另外，"髯口水袖"这种新型的便签设计就很好地融合了戏剧文化与便签的使用功能，原本传统京剧服饰上的"髯口"和"水袖"被长长的创意便签代替，这样可以使消费者在使用的过程中更加深刻地体会到传统京剧文化的魅力所在（图4-3-3）。

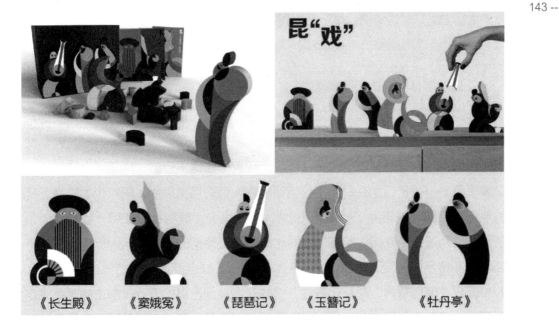

图 4-3-2 昆剧积木

图 4-3-3 "髯口水袖"便签纸

2. 以功能体验表达产品寓意

非遗文创产品除了非常注重外在形态外，更为看重消费者是否能够在文创产品的使用过程中获得新鲜的体验感和对文化魅力的感知。通常，那些极具独创性和特色的文创产品是能够使消费者在生活环境中获得乐趣的。例如，上文所述的京剧便签——"髯口水袖"就不仅能够丰富人们的视觉感受，同时也为枯燥乏味的学习和工作环境增添了一抹"亮色"。一般来说，消费者在使用一项产品时是能够从使用过程中获得体验感的，同时也会引发他们的思考，从而促进文化的不断流转和传承、演变。而中国二十四节气的相关文创商品可以凸显出这种观点，其中尤以"清明香具"最具代表性。这些非遗文创产品的设计灵感主要就是来自我国的古代优秀诗词作品，同时以我国的传统工艺为基础创造了这一系列夺人眼球的二十四节气文创商品，这些商品设计尤为注重色彩和材料的选用，力争使其符合商品本身的文化内涵和使用功能。在这一系列的商品中，"清明"香具、设计成萤火形状的"大暑"灯具和设计成谷仓状的"小满"存钱罐都备受人们的好评。如图4-3-4所示，使用者可以通过照明和焚香等体验，来感受古时劳动和祭祀时的氛围和环境。

图4-3-4 "小满"存钱罐

（二）搭建产品式载体

非遗文创产品设计的核心所在，就是以产品为载体进行非遗文化传承。如何进行产品载体的搭建呢？这里的关键点就在于将现代与传统进行融合。下面，我们将从现代技术和传统工艺的角度出发展开相关论述。

1. 采用传统工艺展现复古特征

在非物质文化遗产中，传统工艺一直在其中占据着非常重要的位置，而充分运用我国传统工艺也是搭建载体的一条有效途径。例如，使用刺绣和扎染工艺制作出来的丝巾等服饰、配件或是成衣都备受人们的青睐，同时利用雕刻工艺制作出的装饰品也是人们的首选。当现代的设计理念与我国传统的手工艺相碰撞，最后衍生出的就是极具现代色彩和能够满足现代人需求的非遗文创产品，从材料和技术的角度出发将非遗文化中的特色能够充分表现出来，这也不失为一个好方法。尽管我国传统工艺具有生产效率不高的劣势，它已经不再是我国主要使用的生产方式，但仍然在我国文化发展和传承的过程中发挥了举足轻重的作用。

作为非遗文创产品设计中的一大利器，传统工艺不仅能够打破人们对于以往生活用品和器具的思维定式，为他们提供新鲜的体验感，同时也为文化产品附加了新价值。举例来说，运用南海藤编工艺制作出的背包和行李箱等出行必备工具，既很好地体现了我国的传统工艺，也满足了现代人对于文创产品的实用性需求，这类商品主要是以"藤"为材料制成的，以当下年轻人的出行场景为依据设计出新兴旅行用品，打破了以往人们对于背包和行李箱的固有认知（图4-3-5）。由此看来，为保证非遗文创产品的实用性，设计师可以从日常用品入手，率先将非遗文化融入平常百姓的生活之中，使以往感觉离我们生活非常遥远的非遗文化能够不断贴近我们的生活，从而在人们心中占据更加重要的位置，让人们意识到非遗文化传承的重要性。除此之外，"匠人精神"作为我国优良传统文化中的一部分，一直被手工艺人当作行业精神来看待，因而这些非遗文创产品的质量是无须担忧的，人们不仅在物质上获得了满足，同时在使用这类产品时也激发了他们对于这项手工艺了解的欲望，非遗文化由此获得了传承。而从非遗手工艺活态发展的角度来看，其实更多强调的是不依赖于物质形态而存在的品质，在文化宣传过程中使用机械替代的部分可以被提取出来，从而将那些现代化的智能化信息技术融入其中，使非遗文创产品不仅能体现出我国的精神文化面貌，还能够体现出我国的科学技术发展水平。

图 4-3-5　南海藤编工艺行李箱与背包

2. 应用新兴技术融入现代生活

不仅是文创产品，同样，非遗传统工艺也可以出现在现代化的其他产品之中，旨在为消费者打造出具有民族特色和差异特性的体验感受。与此同时，以数字媒体技术为代表的现代新兴技术同样也可以在非物质文化遗产的传承过程中发挥重要作用，这也是现在非遗传承人们喜闻乐见的一种应用形式。从目前的发展情况来看，在我国的一些非遗项目之中，我们已经逐渐可以看到现代化数字信息技术的身影了，这也是非遗朝着现代化方向发展的一大有力武器和重要手段，其中虚拟现实技术现在备受非遗传承人的青睐，不仅提升了项目的信息化和现代化，也在一定程度上更加保障了非物质文化遗产保护的质量。例如，我们经常可以在传统的戏剧演出舞台上看到现代化的机械设备和数字表现技术。首先，在运用现代化信息技术之前，我们应该明确将采用何种产品为技术载体，当然这里的"载体"

既可以是物质化的，也可以是非物质化的。如果我们在新兴产品中加入一些非遗元素，那么这类产品的文化附加价值将会大幅度提升。举例来说，现在由腾讯发行的游戏《王者荣耀》就展开了跨界合作，不仅发行新的游戏皮肤，甚至还在游戏中出现了新的游戏人物——"上官婉儿"，她在游戏中会出现令人可喜的越剧表演，由此吸引了一大部分玩家。将非遗元素融进了游戏人物形象的设计之中，同时选用了合适的数字技术等，最终形成了符合现代青年群体审美趣味的、极具文化特性的产品。

另外，非遗元素不一定要与其他产品相融合才能被体现，它本身也可以作为独立的主题存在，与现代新兴技术相结合，最终衍生出一种基于个性化的非物质形式的产品，这就是采用新兴技术来推动非物质文化遗产传播的一条有效途径。原来，因为受到地域和语言的限制，非物质文化遗产只是在少部分地域范围内流传，因而也出现了受众范围小、缺乏传承人等发展困境，而数字信息技术的发展和不断成熟就可以在一定程度上降低这类问题产生的频率。举例来说，"李子柒"及其所创品牌就是采用当下流行的短视频形式而爆红的。李子柒采用田园式的美食制作方式和农作物种植抓住了大部分长期居住在城市中民众的心，与现代城市"钢筋水泥"完全不同的生活环境就好似世外桃源，再配以优美动听的音乐，以四时变化为时间线索，最终打造出了"中国式田园生活"系列视频。李子柒发布的视频主要内容是中华美食、淳朴的衣着以及劳作，向世人展示我国传统的农耕文化。她视频的创新点就在于能够将美食与短视频紧密结合，能够紧跟当下时代潮流，再加之优秀的视频剪辑技巧，很容易吸引人眼球，由此也推动了非物质文化在快节奏现代都市人之中的传播。

（三）激发品牌级效应

与此同时，在构建文创品牌时，非遗元素和主体也为其增添了一个个性化的市场标签。在进行非遗文创产品设计时，设计师不仅要关注最终的产品形态和实际功能的创新性，同时也要明白产品设计本身就是具有市场性质的，需要结合市场发展趋势和营销手段，由此才能设计出极具创意性的非遗文创产品。

1. 制造引流话题

非遗文创产品也同样可以采用"制造话题"来吸引人们的注意，当讨论的人多了，自然就会被推上热搜榜单。在较高的话题度讨论下，大众势必会对相关的文创产品和非遗主题施加更多的关注，产生记忆点，这就是非遗主题品牌效应的一种表现形式。这种效应并不是单指产品的推广和影响活动，而是在非遗主题影响下最终凝练产生的市场反馈。有相当一部分非遗位于我国地域比较偏远的地区，互联网技术的飞速发展为其传播提供了空间，突破了时间和空间的限制。

对于引流话题的拟定，我们要保证的是非遗主题的真实性和还原性，不可随意捏造，也不可虚构，而是要采用适合的方法将文化魅力和相关文创产品特色显示出来。经研究调查显示，人们是极易受情绪引导的，而这本身就是一种资本，它对于引导消费者的消费行为具有十分关键的作用，从而在无形中增加了产品本身的价值。创造的话题是否能够实现"引流"，这其中的关键点就在于话题的突破性，创意性思想的迸发是需要紧紧围绕产品设计本身的，始终将其作为核心，这样才能吸引更多民众的注意，才能够改变人们对于非遗的固有印象，如抖音平台上的"皮一下很开心"话题挑战赛和"紫禁城上元之夜"话题等就是很好的例子。其中，"皮一下很开心"话题挑战赛就是让大家参与到模仿皮影舞的活动中来，用户多采用摄影和合拍等方式参加赛事，通过这项活动，让人们认识到皮影舞动作的细节，感受到传统文化的魅力所在。

2. 深化场景体验

制定引流话题主要是从线上层面对非遗文化进行宣传和推广，而针对线下非遗主题的宣传，大多数品牌运营者会采用场景搭建的方式吸引民众设身处地地感受传统文化魅力。对于其中以物质形态展出的产品来说，我们可以采用陈列展览的形式，这样给消费者带来的感官体验更加直接，但是如果单独将展品进行展出，未免会显得略微有些单薄，这样我们就要充分利用展台的周围空间环境，如灯光、道具等，这样也可以丰富用户的多感官体验，加深他们对于非遗文创产品的认知，让他们沉浸到设计者所设定的环境和氛围中，增强他们对于该产品的使用欲望，如品牌实体店铺或是展会等都是很好的展示非遗文创产品的地方。对于那些以非物质形态存在的产品来说，场景体验就是拉近消费者与非物质文化遗产之间距离的好机会，但是这类产品只能以其构成部分的形式出现。对于非物质形态的产品来说，要想将非遗和文化元素能够较为顺利地融合进其中，情感表现就是影响最终效果的关键因素，这类产品旨在为体验者们提供精神享受。例如，"仿佛若有光"非遗沉浸式五维艺术展现场就集合了众多非遗产品，如玉雕和剪纸等，这个展会的亮点就是：所有展品都不是以实体形态出现的，而是主办方采用新兴的光影技术和多媒体装置等重现了非物质文化遗产的魅力，这不仅为体验者提供了多重的感官享受，也实现了古代与现代、传统工艺与现代技术的碰撞（图4-3-6）。

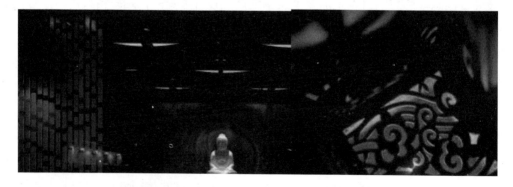

图4-3-6 "仿佛若有光"非遗沉浸式五维艺术展

第四节　非遗文创产品的开发

文化产品就本身而言有物质产品与非物质产品两大类。从文化产品生产工艺的过程分类，又分为艺术品、工艺品、工业品三类。其中，艺术品包括戏剧、书画作品等；工艺品包括旅游产品、雕塑等；工业品包括影视、光碟、书刊等。从文化产品的逻辑范畴分类主要分为物理分类、社会分类、经济分类。从产权关系上分类，可以分为个人产品、共有产品和公共产品三类。从文化产品的供给层面划分，又将文化产品分为生产性产品与服务性产品两大类，而非物质文化遗产文化创意产品基本上属于这两大范畴。本节将以这两大类展开论述，探索非物质文化遗产文化创意产品的开发与经营。

一、生产性非遗文化创意产品的开发

生产性强调的是非物质文化遗产文化创意产品的开发以物化的形式呈现给大众，为非物质文化遗产的产品消费提供了一个商品化的物质载体。在日常生活中，美术、雕塑、书籍等有一定的功用与审美价值的大众用品都可以成为生产性非物质文化遗产文化创意产品的代表，文化创意产品更多追求的是文化创意上的创新，例如木雕、根雕、刺绣、瓷器技艺等都是通过非物质文化遗产的渗透，成为一种具有功用与审美的双重属性的存在样式。

陕西凤翔木版年画是我国木版年画的代表之一，《凤翔县志》记载凤翔木版年画产生于宋代，兴盛于明清时期，历经数百年的发展形成较为成熟的风格。其艺术审美较高，是我国民间风俗，特别是西北地区民间风俗中的代表艺术。陕西凤翔木版年画在雕刻技法上继承了秦代、汉代、唐宋的石刻艺术，并结合了壁画艺术的端庄、凝重、大方的特点，还从刺绣、剪纸等造型技巧上借鉴，呈现出粗犷、豪放又生动鲜明的特征，在工艺制作中，它以墨画线、线间染色的彩墨画，直至纯粹套色不着墨痕的彩画为主，其中强化套银描金的工艺被世人称为"金三裁"。陕西凤翔木版年画的创作题材十分广泛，其中包括驱邪避恶、寄寓美好愿望、表现浓厚的生产生活气息、神话传说等等，迎合大众的心理，受到大众的喜爱。木版年画从产生发展到今天，一直是以家族作坊传承为主，它不仅仅是纯粹的民间艺术，也是研究西北地区农村社会生活文化风俗等的重要素材。还被国外的收藏家称赞为"东方智慧的结晶"。凤翔木版年画在 2006 年进入第一批国家非物质文化遗产名录中，具有很高的艺术价值。

把凤翔木版年画独特的寓意、造型、色彩等运用到旅游商品的设计与创新之中，可以打造一系列独特的、具有地域特色的创意文化产品。非物质文化遗产经过创意转化，可以支撑旅游商品经济和旅游文化产业，它不仅拓宽了旅游项目与形式，同时也促进了旅游商品向精品化、独特化的方向发展。在社会主义现代经济形势下，对凤翔木版年画艺术进行创意整理与归纳，将它独特的艺术形式与深刻的文化内涵注入旅游商品的设计与开发中，以积极的理念与创新的方式充分表达木版年画的传统性与艺术性，融入更多的当代性元素，创造出符合大众审美与生活需要的旅游商品，促进陕西旅游市场的活跃，促进非物质文化遗产保护与继承。在木版年画创意发展过程中，目前凤翔木版年画传承人台立平先生尝试着把木版年画的图案印在 U 盘或手机外壳上，这些尝试具有独创性，但由于受众群体有限导致发展缓慢。要想使年画的元素运用到广泛受众上，就需要从旅游商品上入手，能让更多的人领略到凤翔木版年画的独特魅力。

非物质文化遗产具有多种多样的表现形式，为旅游商品的开发与创新提供了各种各样的艺术形式与种类。凤翔木版年画距今已有 500 多年的悠久历史，其内容丰富，取材广泛，画面优美，还具有故事性，其人物形象生动活泼，具有广阔的开发空间。就目前来说，木版年画不应该局限在贴在墙上欣赏，应该让它的用途广泛起来，让更多的人拥有它。例如，可以在旅游地生产出一批商品，在一些精美的手机包、小钱包等便于携带的物品上，将年画的精美图案印在布料上，并以故事为线索开发出系列产品；也可以用在 T 恤衫以及背包上印制图片，既具有使用价值，又具有审美价值，也宣传了凤翔木版年画的文化内涵。另外，还可以设置立体的旅游产品，如将木版年画中的一些民间守护神，从平面化向立体化过度，制成立体的玩偶形象，也可以让它们趋向于卡通形象，迎合更多的年轻人。这样可以直立放在家中，既可以充当家庭的保护神，又可以充当装饰品，具有了吉祥的寓意。一些较好寓意的内容也可以印制在水杯、挂件、盒子等旅游产品上，为旅游商品的开发提供多样化的参考。为了便于旅游者携带和扩大受众范围，我们也可以将木版年画的内容印成明信片，除了具有实用性外，还具有独特的审美性，是打开陕西大门，让全国乃至世界认识陕西的一个独特的尝试，也让木版年画通过在大众面前的展示，彰显其悠久的历史和独特的审美文化。

二、服务性非遗文化创意产品的开发

服务性的非物质文化遗产创意文化产品的典型代表是文艺演出、文化博览会以及旅游休闲。在这类创意文化产品的消费中，人们无法占有这类产品，但可以进行观赏与体验，产生审美上的享受与精神上的愉悦。服务性的非物质文化遗产文化创意产品具有公共产品的属性，是大众日常的一种精神层面的体验与感受，戏剧、传说等经过现代创意转变为一种具有服务性质的文化产品，为现代的文化建设带来了新的活力，也给大众带来了视听盛宴，满足了大众的日常审美需求。

（一）服务性非遗文化创意产品开发的方法论

1. 基于 Kano 模型的用户需求解构分析

Kano 模型（图 4-4-1），横坐标为用户需求满足程度，纵坐标为用户满意度。Kano 模型提出 5 种需求属性：基本型需求 M、期望型需求 O、兴奋型需求 A、无差别需求 I 和反向性需求 R。

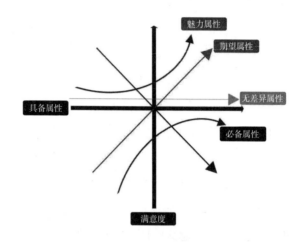

图 4-4-1　Kano 模型

基本需求是基础，但基本需求的满足并不能提高用户满意度。期望需求得到满足，用户满意度会有所提升；兴奋性需求被满足，用户满意度会得到大幅度提升，如果不被满足也不会有很大影响；无差异型需求，即为无论需求是否被满足，对用户满意度影响都不大；逆向性需求，即满足功能时用户满意度反而降低。

以用户调研数据为基础，通过构建 Kano 模型，对非遗传承服务系统中用户不同层次需求进行研究分析，制定 Kano 模型的双向问卷，为非遗文化服务体验设计提供基础。

服务设计的不断发展旨在提升用户服务体验，通过对服务的不断升级来开拓市场。

2. 服务设计思维下的非遗传承体验价值

服务设计中体验价值分为需求、价值、体验。高颖在《基于体验价值维度的服务设计创新研究》中提出，人的需求是服务设计研究的起点，价值的创新是研究的目标，在服务设计过程中的用户体验是研究的主线。

非遗传承的体验就是将消费者对服务的需求转换成体验价值，体验价值对非遗文化传承有促进作用，它们三者之间呈现循环的关系，品牌就是服务设计在非遗文化传承中的应用（图4-4-2）。

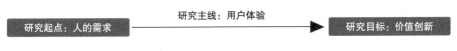

图 4-4-2　体验价值创新

由此能够分析出体验价值对消费者和品牌的意义分为以下 3 个方面。

（1）人的需求

运用 Kano 模型对用户需求点分析和挖掘得出结论，消费者在服务中发生接触会有明确期望和目标，当期望值与现实相符会产生积极的情感，相反就会产生消极的情绪。对服务体验的价值与消费者对产品的期望成正比。

（2）价值创新

首先，服务设计从体验价值的视角，消费者会更注重参与服务中能带来何种个人感受，尤其注重在参与过程中带来的成就感、认同感等体验价值；其次，消费者愿意提高金钱投入（成本）来获取更多体验的乐趣，愿意花费时间体验整个过程。

（3）用户体验

对服务设计而言，用户体验包括产品服务、研究产品服务、获得产品服务、使用产品服务等核心环节。在这一过程中，消费者购买产品和服务只是体验的起点，服务体验也并不是单纯地享受服务过程中的感受，还受到产品本身和环境的影响。体验还包括服务给人带来的情感上的共鸣。

3. 非遗文化体验价值 SWOT 分析

SWOT 分析法也称态势分析法，由管理学教授韦里克提出，常被用于企业战略制定、竞争对手分析等场合。SWOT 分别代表：优势（Strength）、劣势（Weakness）、机会（Opportunity）、威胁（Threat）。

SWOT 分析法试图将非遗文化的产品和体验式服务放在中心，并从中寻找非遗文化传承的机会点。人们对非遗文化的关注度增高和互联网平台的高效便捷都将为非遗文化的传承和发展带来机遇。因为文创产品的创新成本高，所以在文创产品开发过程中尽量不要采用昂贵的文化载体，否则会造成资源的浪费，在服务体验中也要根据用户的喜好来进行服务设计。文创产品需要走可持续发展的路线，通过与当地政府、附近高校、企业进行合作，节省宣传费用，减少人力物力资源的浪费。

通过运用 SWOT 分析法对非遗文化创意产品进行分析，找到非遗文化的产品和体验式课程在市场和政策方面的优势，同时也要求非遗的产品和课程不断提高和创新，避免在设计上出现不符合消费者需求的产品。

（二）服务性非遗文化创意产品开发的案例

1. 梁祝爱情文化节

梁祝文化公园位于浙江省宁波市西郊，是梁祝文化的发源地之一。关于梁祝文化的发源地，前面的章节已经叙述，这里不再阐述。梁祝文化公园是以梁山伯墓和梁山伯庙为基础发展的国家级旅游景点，公园以"梁祝故里·爱情圣地"为用户体验进行打造，是国内唯一一座具有一定规模的大型爱情主题文化园。2009年梁祝文化产业园成立，除了发展传统的旅游业，还与婚恋网站合作，将梁祝文化产业园打造为文化旅游基地、婚纱摄影、婚庆婚宴、休闲娱乐、影视拍摄基地，其中的婚纱摄影基地设有梁祝景区、花海景区、阳光沙滩、滨江爱情文化长廊、梁祝天地街景等，梁祝文化所展现的是对爱情的大胆、热烈追求，所以吸引了当地，甚至省外的适龄男女前来参观与体验，为当地的经济创收。

为了将梁祝文化传播得更远，当地还打造了梁祝爱情文化节，宁波市野州区举办梁祝爱情文化节的历史可以追溯到 1999 年，至今已经举办了五届梁祝爱情（婚俗）节。梁祝文化也是东方版本的罗密欧与朱丽叶，为了加强两大文化的沟通与交流，宁波市已经实现了与罗密欧与朱丽叶的故乡——意大利维罗纳市结为友好交流关系城市，并且促成了意大利"朱丽叶铜像"永久落户西郊梁祝文化公园。同时在 2008 年的中意爱情文化节上，宁波的"梁祝蝶恋"汉白玉雕塑也永久地坐落在了维罗纳市广场，实现了跨国爱情主题雕塑的互赠。这吸引了众多的游客前来观看，共同见证中西方动人的爱情故事，梁祝爱情节也成了"中国十大民俗类节庆"和"中国十大最具魅力节庆"之一。

除此之外，有关梁祝文化的活动还有爱情嘉年华活动、民间文艺大巡游、盛世爱情百合婚典、中国诺爱情文化论坛、中意爱情文化节等各种各样的文化休闲娱乐节目，其主要目的是在开发梁祝文化的过程中转化为融合体验、参与现代婚庆文化主题，在这个基础上打造具有传统意味的节庆文化，形成服务性创意文化产品，成为地区的亮点。

2. 天津古文化街

天津古文化街位于天津市南开区，是"津门故里""沽上艺苑"。文化街里有各种各样的商品以及表演，古文化街在建筑风格、店面装修、牌匾楹联、销售商品上都具有独特的特色，带有浓郁的艺术与文化气息，古文化街上经营的商品大致分为三类：一类是古玩、古董，例如文房四宝、古旧书籍、传统年画、珠宝玉石、古式家具等；一类是民间传统商品，如娃娃乐、泥人张的彩塑、有 300 多年历史的杨柳青年画、风筝魏的风筝、刻砖刘的砖刻、修竹斋的刘海空竹、景德镇的瓷器、苏州的刺绣等；还有非物质文化遗产博物馆、天后宫、酒楼、茶庄、饭馆和娱乐场。天后宫前广场和露天戏台经常演出地方戏剧、民间曲艺。这条街上以享誉海内外的、具有浓郁天津地方特色的杨柳青年画、"泥人张"彩塑和"风筝魏"风筝等最为著名。现代天津古文化街不仅是一条繁荣的商业街，还是文化遗产保护和继承的重要基地，走在里面可以对天津的民俗文化、艺术作品等有了大致的了解，人们在其中还可以品尝天津的特色美食，实现了学、玩、吃、喝、乐的文化旅游。

依托古文化街的聚集效应，天津市努力为非物质文化遗产搭建保护和传承的平台，如对国家级非物质遗产的修缮等。天后宫进行了 1985 年复建以来最大规模的全面修缮养护，通过对天后宫的修复提供更加完善的原生态的传承文化空间和展示平台。近年来，南开区政府加大对非物质文化遗产的投入，组织工作人员深入基层，发掘非遗资源，鼓励申报。目前，南开区已经申报成功了多个非物质文化遗产项目，包括国家级、省级的，在着力保护的同时，南开区还依托古文化街商贸区的优势，通过支持非遗传人设立工作室等方式传承非物质文化遗产。泥人张博物馆就将泥人张制作的全过程用最形象的方式展示出来，使现在很多游客都是慕名而来。能够有这样的一个平台对外宣传推广，可以让非物质文化遗产更好地发展和延续下去，给他们提供一些展示的基地，每年都要组织非物质文化遗产的传承人去学习，促进非物质文化的创新与现代转化。

天津古文化街不仅是天津文化展示的窗口，同时已成为天津文化旅游的一个代表，成功地将城市文化的内涵与现代商业模式进行有效衔接，焕发出强大的发展空间。

非物质文化遗产作为我国传统文化的优秀代表，是实现中华民族"文化自信"和民族复兴与发展的重要资本和资源。在当今，如何更好地走入人们的现代生活，实现其活态传承，有效推动和实现其"创新型发展、创造性转化"，从而赋予古老的"非遗"以新的生命力，是新的历史条件下非遗保护与传承的新思路和新理念。基于此本章对文创视角下的非遗、非遗与文创产业融合发展的问题及建议、非遗与文创产业融合的案例分析以及"非遗 + 文创"助推文旅产业发展几个方面进行了全面论述。

第一节　文创视角下的非遗

随着经济社会的发展和物质生活水平的提高，我国民众的文化消费需求和能力持续增强，人们的精神文化需求呈现出多层次、多形式、多样化的特点，成为"人民日益增长的美好生活需要"的重要组成部分。在这样的市场需求推动下，我国的文创产业也呈现出蓬勃发展、百花齐放的局面。近年来，我国政府高度重视文化产业的发展。《中华人民共和国国民经济和社会发展第十三个五年规划纲要》中将"成为国民经济支柱性产业"确定为文化产业的发展目标。党的十九大报告更是明确指出，要"健全现代文化产业体系和市场体系，创新生产经营机制，完善文化经济政策，培育新型文化业态"。

文创视角下的非遗是文创的重要内容和对象，为文创提供源源不断的素材和灵感，是文创发展的"内在动力"，可与文创产业"共振对接"，相互交融，共同发展。

当前，文化消费不仅塑造了众多新的产业形态，而且日渐成为人们认证自我存在的生活方式。在新时代背景下，以非物质文化遗产为代表的中华优秀传统文化形态，不仅仅是人们心灵寄托的精神家园，更是带动文创发展和经济发展的珍贵资源，是当下社会生活和文化消费不可或缺的组成部分。而优秀传统文化的传承与发扬，不只是对文物古迹的保护、历史环境的维持、传统技艺的传承，更重要的是以对非遗的发掘、开发为基础，与现代设计结合、与现代商业理念结合，实现产业、文化、社会经济等要素协同发展，共同致力于当地社会经济的发展。

近年来，已有这样的文化产业实践：对于文化意蕴深厚、存在多种非物质文化遗产的地区，将具有比较大的优势的非物质文化遗产作为核心文化创意业态进行重点打造，使其成为带动整个地区非物质文化遗产开发的"增长极"，并通过该业态的极化效应，辐射相对弱势的文化创意业态，这利于当地基于非物质文化遗产开发的各类文化创意业态形成同频共振，从而在当地构建出协同发展的文化创意业态圈。所以在文创的视角下，非遗并非一个"隔行如隔山"的独立存在，而是共同存在于一个特定的文化生态中，背后有特定的地区文化作为纽带，彼此依存、共同促进，相互辉映。可以说，基于非物质文化遗产开发的文化创意业态，对于推动当地经济发展、激励文化需求意义深远，有利于提供众多灵活就业岗位、拉动区域文化消费，尤其是对一些欠发达地区的经济增长和社会发展有着引擎式驱动的作用。因而，打破封闭思维和路径依赖，秉持业态共振、多触角对接的理念来综合推进非物质文化遗产创意开发，才能实现非物质文化遗产创意开发"见效益、可持续、有前景"的目标。对非物质文化遗产的创意开发，终究需要落实到具体的文化项目、文化产品和商业模式上。在非物质文化遗产的创意开发中，应打破"单兵作战""孤立评判"的束缚，综合考量产品开发形态、盈利标准判定、体验模块植入等，不断创新具体创意开发策略。

我们对文创视野下非遗的考察，主要通过非遗自身的文创开发、与文创产业发生关系较为紧密的几个领域或非遗文创的呈现状态进行，大致描摹非遗文创业态的发展特征。

一、非遗文创衍生品

（一）非遗文创衍生品概述

利用传统文化 IP 进行文创开发。如故宫就在该方面取得了显著的成就，并探索出行之有效的实施路径。故宫博物院充分运用"故宫大 IP"，设计了许多富有创意和特色的周边产品，并在细节之处独具匠心，把故宫传统文化元素植入到时尚的当代工艺品之中，许多创意周边产品一经上线，就引得众多粉丝争相购买，例如三宫六院冰箱贴、Q 版皇帝皇后金属书签、天子童年故宫猫咪手办都十分软萌，拍照晒到朋友圈、微博也立刻引发强势围观。再如清风徐来系列首饰、千里江山项链、真丝团扇系列清新典雅，对爱好古风的群体而言吸引力十足。

在故宫文创开发的启迪之下，以非遗 IP 为基础的文创衍生品开发也呈现出丰富多彩的形态。结合目前实际情况，其开发路径主要体现在三个方面。一是以现代生产制作工艺、现代设计等手段改变了传统非遗的手工制作特性、可复制性、对重要工序环节进行了替代等。这在保留文化含义的同时有利于产品的批量生产，降低产品的生产成本，提高生产效率。二是现代设计下以非遗传统技艺开发文创产品，或是利用非遗元素作为现代文创产品的开发灵感与源泉。比如采用非遗技艺里的纹样图案、以非遗 IP 为基础进行的衍生品跨界开发。三是部分非遗项目的产品呈现依旧是传统的，不符合现代生活需求。而以现代设计作为指导，将非遗技艺用于现代文创产品的开发、生产与制作，能够有效地使非遗与现代生活融合。

（二）非遗文创衍生品开发路径的具体阐释

1. 核心环节及工艺工序的替换

由于大多数非遗项目的生产制作以手工生产为主，虽然具有独特性、不可复制性的特征，但由此带来的成本高昂、产出低下的情形，使之面向狭窄的工艺美术品收藏市场，与社会生活存在脱节。另外，高成本带来的高销售价格，与同类型的现代工艺产品相比，由于不具备价格优势，因此受到市场的淘汰。因此，在非遗衍生品开发中，将机器生产代替手工生产，以现代技术手段替代传统工艺、工序，既保留了非遗的特征，又有效地降低了生产成本，扩大了产品供给，更容易走进日常社会生活。如各种刺绣类非遗项目，在不改变原材料材质、设计纹样图案的前提下，用机器生产代替手工环节，使之成为非遗衍生品。传统食品类非遗项目，如酱油、醋、豆瓣等，在不改变配方和原材料的情况下，用现代工业设备取代原有的手工生产，有效地提高了生产效率，缩短了生产周期，降低了生产成本。

2. 现代设计与非遗工艺结合开发

传统非遗产品与现代生活存在距离。非遗技艺本身的艺术性、工艺工序的温度、质感，更能传递产品的品质与格调，仍具有温暖人心的作用。以现代设计与非遗工艺结合开发的产品，多应用于现实生活场景。这种开发模式带来的结果是生产成本较为高昂，其产品以服饰、衣物、配饰等为主，如刺绣的衣物、手提包、鞋子等。在产品工艺上，一部分是现代设计的用传统非遗技艺生产的产品，一部分是非遗产品与现代产品的结合，如以刺绣点缀手提包、皮鞋鞋面等。

二、非遗动漫

传统非遗与动漫的结合是传统与现代、中国文化与世界文化对话融合的重要表征。作为一种文化产品形态，动漫的面向对象群体更为年轻，因此从接受对象角度而言，非遗动漫是非遗向年轻新生代群体传播的有效途径。

目前，非遗动漫的实践，并不是完全以动漫制作手段、二次元的形象演绎传统非遗，而是在符合传统文化价值观的导向下将传统非遗 IP 进行了重构，使之更能符合新生代群体的审美需求。结合目前非遗动漫的情况来看，非遗动漫主要体现为三个方面的结合：一是对非遗 IP 进行艺术形式上的改编，即以传统非遗的故事、人物等为原型进行创作。如《盘瓠与辛女传奇》，讲述了传说中的苗、畲、瑶等民族始祖盘瓠与华夏人文始祖高辛帝三公主相亲相恋的故事；又如知名度高的《大圣归来》《哪吒之魔童降世》等，以全新的形式演绎了传统文化里的故事。二是与前述结合的动漫周边产品的开发。如《大圣归来》里孙悟空形象的手办、玩偶等。三是将非遗元素融入动漫产品。非遗里有很多传统戏剧、武术、杂技等的动作体系及表演体系，将这些动作体系及表演体系在动漫里呈现，使之更具文化内涵。如《大闹天宫》里的剪纸、皮影，《大鱼海棠》里的福建土楼等。

基于非物质文化遗产的动漫衍生品开发是动漫产业促进传统非遗传承的重要环节。在基于非遗文化进行动漫衍生品开发中，需要运用非遗再现、改良动漫形象，使动漫衍生品既可以体现实体观赏价值，又能够满足精神情感的需求，增加衍生产品的附加价值，推动非遗文化与动漫文化的传播与发展。

三、非遗影视

非遗影视源远流长。我国第一部电影《定军山》就以非遗项目——京剧为题材。与非遗动漫类似，影视产品也非常有利于非遗传播。同时，非遗里丰富的文化内涵、表演体系和动作体系也赋予影视作品以文化底蕴、美感，以及植根于民族心理的积极向上的思想、价值观和精神，有利于提升影视作品的思想价值，同时使之具有更好的观影体验。

从全球格局而言，影视产品作为全球化的文化产品，具有文化输出与交流的特征，是国家文化软实力的体现，也是价值观输出的重要载体。在全球化语境下，以传统非遗为主题的影视产品，呈现了文化的独特性与差异性，展现了我国传统文化的魅力。因此，取材于非遗的影视产品，或在影视产品里大量植入传统非遗文化的内容，成为一种文化自觉。

在非遗影视创作中，若过于强调非遗，则有碍于故事的讲述，影响观影体验，若过于强调故事剧情，则有碍于非遗在影视里的表现。因此，非遗影视最大的难点在于非遗和故事剧情二者之间的平衡。为了尽量获得平衡，目前非遗影视的创作，主要体现为非遗与故事的融合。

1905年，《定军山》上映，自此中国影视走过了100余年的风风雨雨。在这100余年的历史里，我国涌现了上百部非遗题材的影视作品。中华人民共和国成立后10余年里，众多传统戏剧曲艺被搬上银幕，我们称之为"戏剧的影视化"，即以影视手段呈现传统的戏曲。这一时期有以京韵大鼓和相声为主题的影视作品《方珍珠》，有越剧影视作品《梁山伯与祝英台》，有黄梅戏影视作品《天仙配》，有吕剧影视作品《李二嫂改嫁》以及豫剧影视作品《朝阳沟》等。随着社会的发展，通过对非遗IP的影视创作，产生了众多优秀的影视作品，如《少林寺》对传统武术的传播，在当时引发了传统武术的热潮；功夫巨星李小龙的电影，将中国传统武术传播至全球，引起全球对"中国功夫"的关注。这一类型的影视作品还有电视剧《太极宗师》、电影《叶问》等。对非遗IP的影视创作，基本涵盖了非遗的十大类别。如民间文学类的《赵氏孤儿》（2010），《不肯去观音》（2013），传统舞蹈类的《盛世秧歌》（2007），传统医药类的《正骨》（2013），传统技艺类的《青花》（2005），《孙子从美国来》（2012），传统美术类的《唐卡》（2012），传统音乐类的《百鸟朝凤》（2012），传统民俗类的《雪花秘扇》（2011）等。

非遗作为传统文化的表现形式，承载着民族的共同情感和审美经验，更能引起观众的共鸣。因此在影视作品里，将非遗作为影视里的文化元素被呈现也很常见。如陈凯歌导演电影《霸王别姬》里的京剧、《黄土地》里的安塞腰鼓，张艺谋导演电影《活着》里的皮影，电视剧《延禧攻略》里大量运用的非遗元素（体现在衣物、头饰、用具等方面，邀请非遗传承人制作相关服饰道具），电视剧《宫心计》里的"点翠"等。除此之外，影视作品里起着多媒体氛围营造效果的背景音乐也与非遗联系紧密。如古装剧里大量运用中国传统乐器，如古琴、扬琴、阮等；为体现黄土高原的地域特色而大量使用信天游作为主题曲、背景音乐或剧情演绎（如电视剧《平凡的世界》《血色浪漫》），为体现蒙古文化而使用的呼麦（电视剧《成吉思汗》）等。由此可见，在影视产品领域里，非遗的运用呈现为多方面的、多维的，它可能是影视主题，也可能是视觉听觉元素；可能作为影视里的剧情线索、人物表演或者服饰道具，也可能作为主题曲或者背景音乐。因此，非遗与影视的结合，具备多种可能。

四、非遗旅游

（一）非遗旅游概述

非遗旅游具有良好的产业化基础。非遗旅游即非物质文化遗产旅游，是建立在非遗资源开发基础上的文旅消费形式。从行业政策的角度而言，《国务院关于印发"十三五"旅游业发展规划的通知》《国家级文化生态保护区管理办法》等纷纷将非遗与旅游融合纳入重展工程，非遗旅游有望释放出新的发展活力。

（二）非遗作为旅游资源的特征

非遗是社会群体的记忆和情感，是民族经验与智慧的结晶，具有很强的文化属性，具备游客吸引力及旅游开发的社会经济价值。从人文旅游资源角度而言，非遗本身具备活态性、地域性与独特性、综合性、文化体验性等特征。其中，活态性特征重视人的因素、技术的因素，是一个族群的共同记忆、文化积淀和精神内核，这种记忆与积淀是与时俱进的、不断发展的；而地域性与独特性特征，在旅游开发上有利于建立起差异化的旅游产品区隔，形成独特的旅游号召性资源；综合性特征体现为内容与形式的融合，文化、艺术、生活等多方面的融合，利于旅游"吃住行游购娱"服务的综合呈现；而非遗的文化体验性特征，在当前旅游消费形式向文化体验旅游转变的大潮下，非常利于参与性、体验性旅游产品地开发与打造。

（三）非遗旅游产业化发展的表现形式

1. 非遗旅游产业化发展综述

非遗旅游的产业化发展呈现出多种情形，主要体现在如下六个方面：以非遗项目的聚集和产业链条的发展，形成了非遗集聚区，继而形成旅游景区；非遗文化主题的旅游景区或以非遗为号召性资源的旅游景区；旅游景区开发的非遗旅游文创产品；非遗展演、演艺等文化旅游体验服务；以"非遗研学"为代表的旅游新形态；非遗节庆旅游。

2. 表现形式

（1）从非遗集聚区到旅游景区

从非遗集聚区到旅游景区这一路径，国内屡见不鲜。非遗的地域性特征和传统的传承渠道，存在空间上的局限性。在现代生产组织之下，产业的集聚有利于提升生产效率。这种情形最起初的功能是产业功能，而非旅游功能。随着社会经济的发展，存在产业升级与转型、产业的多元化发展趋势。非遗本身所具备的、作为人文旅游资源的特征，利于这一路径的实现。这种实现路径并非旅游景区替代了非遗集聚区，而是二者共同推动与促进，实现长足的发展。

如苏州的苏绣小镇所在地镇湖，东临古城，西濒太湖，距苏州市区26千米，是著名的"苏绣之乡"。自古以来，镇湖盛产苏绣，距今已有2200多年的历史。目前镇湖有近400家绣庄和刺绣工作室，有绣娘8000多人，还有4000多人从事刺绣设计、创作、生产、销售及与其配套的花线、装潢、运输等行业，围绕苏绣产业的从业人员占到街道总人口的一半以上，形成了以苏绣为核心的产业体系。同时，镇湖拥有良好的自然资源本底和人文资源禀赋，山清水秀，景色宜人，是典型的江南鱼米之乡，集中体现了吴文化和太湖文化的精髓。在特色小镇的建设规划下，苏绣小镇依托非遗资源，发展成为以非遗为核心的国家级特色文化景区。又如四川的绵竹年画村，依托绵竹年画非遗技艺，积极开发乡村旅游，形成了以年画商品生产、交易、乡村旅游为主，结合新农村建设的精品型乡村民间工艺文化旅游景区。2009 年绵竹年画村获得"四川省乡村旅游示范村"称号，2011 年被评为"国家级旅游景区"，同年 11 月，被评为"四川省省级文化产业示范基地"以及"国家级非物质文化遗产生产性保护基地"。

（2）非遗主题景区

非遗主题景区即以非遗为号召性的旅游资源。若不考虑时间的先后因素，前述"从非遗集聚区到旅游景区"也可归为非遗主题景区这一情形。在非遗概念出现之前，已有这种情形的景区存在。如福建土楼，2008 年 7 月，在加拿大魁北克省举行的第 32 届世界遗产大会上被正式列入《世界遗产名录》。此次成为世界文化遗产的"福建土楼"，由福建省永定区、南靖县、华安县的"六群四楼"共 46 座土楼组成，即永定区的初溪土楼群、洪坑土楼群、高北土楼群及衍香楼、振福楼，南靖县的田螺坑土楼群、河坑土楼群及怀远楼和贵楼，华安县的大地土楼群。2011 年 8 月，福建土楼（永定，南靖）旅游区被评为国家级旅游景区。2017 年以来，福建永定区实施"文化进土楼"工程，改建了建筑文化展示馆、客家家训馆、民间绝艺馆等多处保护传承场所，开展非遗旅游活动，使游客深度了解、体验、学习非遗文化。又如四川丹巴，素有"千碉之国"的美称，全县现存古碉数量种类之多、建筑之奇，堪称全国之最、世界罕见。碉楼主要集中在河谷两岸，尤以梭坡、中路、蒲角顶三处的古石碉楼群最为稠密壮观，古碉保存完整，并与村寨民居融合共生。丹巴以碉楼为核心文化旅游资源，吸引了大量的游客前往。

随着我国乡村旅游的发展和乡村振兴工作的推进，对乡村非遗项目的挖掘、开发并与乡村旅游的文化内涵结合，以及乡村振兴中"文化振兴"对非遗项目的开发并与"产业振兴、生态振兴"结合，通过这些手段，将非遗发展成为乡村旅游景区的号召性资源。如四川崇州的竹艺村，在乡村旅游开发和乡村振兴工作中，以道明竹编为文化核心，聚集竹编艺人、文创开发业态以及多种乡村旅游服务业态，目前有竹里、见外美术馆、来去酒馆、三径书院、遵生小院、竹艺坊、青年旅舍等具有现代乡村美学的文化旅游业态，将建筑和村落、艺术和人融合共生，成为成都知名的乡村旅游景区。

（3）非遗旅游文创产品

一直以来，旅游目的地的旅游商品存在千篇一律、大同小异的现象，无文化独特性、无设计感等问题一直令人诟病。而非遗资源的发掘和文创开发，有力地解决了旅游商品的问题。非遗旅游文创依托非遗资源，通过创意性和应用性设计，开发出具备文化性、知识性和实用性的文创商品，体现出景区旅游商品的独特性和文化性。在落地载体上，以非遗工坊、非遗博物馆、非遗文化产业园、非遗主题景区为主。在这一方面较为成功的案例是贵州丹寨锦绣谷。该景区以乡镇合作社、村寨工坊为地点，以系统的技能培训为途径，保护并提升苗、侗、瑶、水等民族的刺绣、蜡染、织布、造纸等传统工艺，并通过"实体店＋电子商务"的方式，专注打造民族手工产品的品牌影响力，由此成为我国民族文创的代表性品牌。

（4）非遗展演与演艺

非遗具有很强的互动与文化体验性，这正好为展演、演艺类旅游产品提供了创作源泉。一方面，非遗项目本身的展演与演艺特征，使之成为旅游产品／服务；另一方面，以非遗资源为依托，结合现代技术与舞台美术进行旅游展演类产品开发，目前以实景演艺为主。如在成都，部分城市景区的服务场所截取川剧中"变脸""吐火"两大演艺，锦江剧场以川剧为依托开发的"川剧秀"演艺，结合现代灯光、音响、舞美等技术，将演艺作为旅游产品提供给游客，获得了市场的普遍认可。

以地方非遗戏剧、曲艺、本土民歌、文化故事等为资源，通过实景演艺的方式进行二次创作打造而成的文化旅游体验业态，成为国内众多景区的核心旅游产品。如宋城演艺集团投资的三亚千古情景区在非遗演艺的打造上做出示范。该景区依托三亚非遗根脉和故事传说等资源，创作了《海上丝路》《一沙一世界》《落笔洞》《鹿回头》《鉴真东渡》《冼夫人》《美丽三亚》等多台剧目，同时打造了三亚当地少数民族主题作坊和非物质文化遗产聚集街区，使三亚千古情景区成为世界级的三亚非遗文化展演厅，将三亚历史长河中的文化用建筑、景观的形式物化地展现出来。截至 2018 年 9 月 25 日，三亚千古情景区开业以来，共接待游客逾千万人次，年纳税上亿元，提供了上千个就业岗位，带动了周边数百亿元的产业发展，成为海南省文化产业"亩产含金量最高"的项目。

（5）非遗研学

"研学旅行"继承和发展了我国传统游学"读万卷书，行万里路"的教育理念和人文精神，结合国际上"研究性学习"的先进理念、方法、模式，成为素质教育的新内容和新方式。在这一背景下，"非遗研学"应运而生。非遗研学有助于非遗的展示与传播，让中小学生接触到这一远离社会生活的文化项目，近距离地感受到中华优秀传统文化的魅力。从非遗本身而言，技艺的美感、体验性与参与性强的特征，让研学者能深度参与体验，使得研学更有意义和价值。非遗研学面向广大学生市场，以非遗文化体验和学习为主，以景区、博物馆、非遗展馆、文化小镇等为载体，能达到非遗文化传承和实践教育的双重目标。在这一方面具有代表性的案例是江西景德镇古窑民俗博览区。该景区依托景德镇丰富而独特的陶瓷文化遗存和独树一帜的手工制瓷工艺生产体系，创建了全国知名的科普教育基地。面向大中小学生研学旅行市场，推出传统窑炉展示、观光、手工制瓷技艺体验、非物质文化遗产传承人现场教学等在内的集"吃、住、游、学、购、玩"

于一体的一站式研学服务，如今已有数万人次的研学团来访。

（6）非遗节庆旅游

传统节庆是非遗的一大类别。中国传统节日都是非遗项目，基本上每个传统节日都有小长假的节假日安排，这本身就带动了旅游市场的发展。众多少数民族的节日，是当地重要的旅游资源，并形成了当地的旅游文化品牌，成为吸引游客前往的重要因素。如蒙古族那达慕大会、彝族火把节、傣族泼水节等。这些节庆旅游，一方面繁荣了当地的旅游市场，另一方面也成为当地城市文化营销的重要载体。

除了传统节假日外，还有一些独有的非遗节庆。如都江堰放水节是纪念战国时期水利家李冰修建都江堰水利工程的节日。公元前256年，蜀郡守李冰带领民工为治理成都平原的水患，修筑了都江堰水利工程，从此成都平原"水旱从人，不知饥馑"，铸就了"天府之国"的美誉，都江堰水利工程至今仍惠及百姓。数千年来，都江堰水利工程都保持着"十年一大修，一年一小修"的岁修维护制度。北宋太平兴国三年（公元978年），官方将清明节这一天定为"放水节"。到了清代又被称为"祀水"，1912年后恢复了"放水节"这一称谓。近年来，都江堰放水节作为都江堰春季旅游的重要节庆，将文化旅游、休闲度假旅游与乡村旅游结合，实现了良好的旅游效益，并推动了城市营销与传播。

秦淮河灯会也是非遗节庆旅游产品的佼佼者。该活动以国家级非物质文化遗产——"秦淮灯会"为资源和平台，每年举办数百场科举、儒学、报恩等文化活动，并开发出主题旅游体验、传统民俗表演、精品文化展览等活动形式，将非遗与"吃住行游购娱"旅游要素深度结合，成为秦淮旅游的核心支撑和代表作。非遗文化沉浸式旅游场景同时配套建设有动感游乐设施、休闲购物街区。虽然非遗旅游的产业形态各不相同，但其产品设计的商业模式殊途同归，即通过塑造非遗旅游场景，以"非遗体验"为核心驱动力，满足游客文化体验需求，延长其在目的地的停留时间，由此增加消费机会，同时将文创商品、旅游服务、娱乐活动相互融合，构成产品体系。

第二节　非遗与文创产业融合发展的问题及建议

一、非遗与文创产业融合的相关问题

（一）非遗与文创产业融合的意义

1. 传统文化得到了保护

在非遗传承面临困境的当下，以现代的手段和技术将非遗融入文创产业，以文创产业的开发思路对非遗进行挖掘、整理与开发，使非遗融入现代生活，更全面地与日常生活发生关系，而非仅仅存在于书籍、影像资料、文化馆、博物馆等载体中，进而让更多的社会群体接触和了解非遗，了解传统文化，由此呈现新的实用价值与审美价值，使非遗、传统文化落地。有效地解决了非遗传承的问题，也保护了传统文化。

2. 推动了文化自信的树立

要树立高度的文化自觉和文化自信，扎实推进社会主义文化强国建设。这是"文化强国"的战略。在该战略的指导下，对传统文化的重新审视，以创造性的思维提炼传统文化精神价值，并赋予时代特色，是形成国家文化优势的重要途径。非遗与文创的融合发展，将传统智慧在现代生活中以日常消费品、精神消费品等形式呈现，并使非遗在现代技术手段下得到了广泛的传播。这让更多优秀的传统文化重归大众视野，让社会大众重新审视并认识到传统文化的魅力，也让优秀的中国文化创新成果得到了对外传播，有效地推动了文化自信的树立。

3. 丰富了文化产品与精神生活

在消费升级趋势下，当前社会的消费行为大多具有精神消费的特征，体现在人们关注产品实用价值的同时，更关注其满足精神需求的文化符号价值（如个性化、体验性、文化品位等方面）。非遗融入文创的发展，开发出众多具有文化内涵的非遗产品、非遗衍生品，这些产品本身就具有文化符号的意义。因此，非遗文创开发是符合当前消费潮流的。

从另一个角度看，非遗融入文创产业的开发，其开发成果大多为文化产品或精神消费品。这客观地满足了社会日益增长的文化消费需求，丰富了社会的文化产品供给，也丰富了社会的精神生活。

（二）非遗与文创产业融合的模式

1. 自发模式

非遗传承至今虽面临困境，但跟随社会进步的脚步从未停止。非遗项目对传承人、从业者而言，仍是其重要的谋生手段、工具和技能。因此，传承人或从业者仍不断精进其技艺，竭力保护非遗这一传统文化。以文创的开发思维，在产品开发、与其他市场主体合作、现代商业运作、运用新兴技术等多个方面，与当前社会生活相结合，开发出符合现代生活的产品，以获得更多的经济收益，满足其生存和发展的需求。这是非遗传承的内部驱动力量，是自发的、主动的。

这一类型的非遗项目以传统美术、技艺类为主，其产品无法规模化、工业化生产，或是其核心工艺工序为手工生产工序，无法被工业生产替代（替代后即变成衍生品）。但为了更好地适应市场，这种自发的行为也开始依托非遗技艺，进行衍生品的开发。受制于非遗对当下社会生活的适应能力，非遗传承人或从业者自身的现代化设计、生产、营销、传播等能力的局限以及资金的局限，这种自发的行为在非遗行业内部还比较少。在政府、民间及市场的推动下，非遗传承人与具有现代商业经营能力的团队合作，这种行为对非遗的开发而言是行之有效的弥补。

2. 产业开发模式

非遗的产业开发模式比较集中在酒类、食品类、医药类非遗项目。这些非遗项目与日常生活联系非常紧密，具有广阔的消费市场或者能解决某些群体特别的需求（如病患群体）。时至今日，这些项目仍旧采用传统的配方和工艺，以保障其产品质量或功效，仅部分非重要的工艺环节被工业化生产代替。

这些项目市场化程度高，因此围绕核心，进行全产业链的开发与延展，以资本化、品牌化、市场化、规模化等手段运作，增强竞争力，占有更大的市场份额和提升利润空间。如泸州老窖以白酒产业为核心，2020 年营业额达到 100 多亿元。在产业化发展的探索与事件中，积极拓展产业链条，在打造创新产业示范园、物流公司以及旅游景区等维度下多管齐下，多点发力，以增强其营收能力和品牌价值。如以壮族民间医药资源为依托研制、由桂林三金药业股份有限公司生产的"三金片"，自 1974 年上市，于 1978 年荣获全国科技大会重大科技成果奖，目前在全国药店均有销售，取得了良好的品牌效应、经济效益和社会效益。

3. 跨界模式

非遗与其他产业的跨界融合是非遗文创又一典型模式。非遗具有强烈的文化属性，对其他产业的赋能效应明显。而非遗的地域性特征使之在与旅游业的融合中，发挥了重要的作用。因此，非遗的跨界模式，在旅游业中应用得比较多，这不仅仅丰富了旅游产品和服务，也赋予了景区的文化独特性、差异性和文化体验性。在非遗保护、非遗文化传播等方面取得了良好的效果。

4.IP 输出模式

对众多难以用实物呈现的非遗项目而言，IP 输出模式是其文创开发的重要路径。非遗蕴含一个民族的共同记忆、审美经验以及价值观等众多精神层面的内容，其价值导向、审美经验等是与当下契合的。因此，将文创产业中的动漫、影视、游戏等通过现代表现手法对传统非遗进行演绎，或是以非遗元素对现代文创产品进行丰富与提升，使其具备广泛的接受基础，也符合接受群体的审美期待。同时现代文创产品本身也需要题材，丰富的非遗资源为现代文创产品开发提供了大量的题材。这种良性的互动关系，将为社会带来更多的非遗动漫影视作品。

非遗对其他行业的知识产权授权，也是非遗 IP 输出的一大途径。每年的香港授权展、每两年的成都国际非遗节，都是非遗授权的重要载体。非遗是活态的传承，每一代传承人都在传承的过程中对非遗进行着丰富与革新。因此，非遗里存在众多原创性的设计或是依托非遗技艺的创新性设计，特别是在传统美术、传统技艺、传统音乐等类别。以非遗原创图案、设计、音乐等对其他行业授权，开发出更具文化底蕴及内涵的产品，或是更符合目标消费市场的产品。

（三）非遗与文创产业融合的方式

1. 主动融合

根据对前述普遍性模式的分析，非遗与文创产业的主动融合，主要体现在三方面：一是非遗传承人、从业者自身主动地以文创开发的思路进行产品开发；二是已经产业化发展的非遗项目，运用文创开发思维，以市场、资本等为推动，极力增强其市场竞争力、资产保值增值能力以及资本市场的运作能力，从而扩大市场规模，占有更多的市场；三是非遗知识产权授权。

2. 被动融合

由于非遗包罗万象，因此各个类别存在发展的不均衡性，某些类别的项目（如民间文学、传统音乐等类别）缺乏有效的市场转化机制，难以转换为经济效益。即便传承人具有强烈的市场意识，但是受制于或受限于团队、资金、资源、技术等现代化的生产要素，靠自身能力也难以发展。况且，大多数传承人或从业者不具备现代市场意识或技能。

非遗作为传统文化资源拥有庞大的 IP，现代市场主体对非遗资源的挖掘与运用，实现了非遗的赋能。这种情况多发生在非遗与旅游业的融合、非遗衍生品开发、非遗演艺产品开发以及现代动漫影视游戏等产品对非遗题材及非遗元素的运用等。这些以现代市场主体为驱动、以非遗资源为发掘对象的情形，其主要驱动力与非遗本身和传承人无关，体现了非遗与文创产业的被动融合。

（四）非遗与文创产业融合的推动力量

在非遗与文创产业融合发展的过程中，主要的推动力量有政府、民间与市场。由于非遗的文化特殊性，在传承与发扬传统文化、保护非遗、保护文化多样性的驱动和非遗本身具有的科普教育功能下，其社会效益是非常显著的，因此，政府、民间（传承人、NGO）对非遗保护、非遗融入文创产业的推动力量较大。

1. 政府

政府从宏观的立法、促进政策及城市发展的角度，对非遗保护、非遗文创开发进行有力的推动。

首先，政府在立法及宏观政策层面，解决非遗保护与传承、非遗的文创开发等问题，为此，出台了《非物质文化遗产法》，以及与之相关的《著作权法》《知识产权法》《文化产业促进法》等法律法规，并出台了《关于实施中华优秀传统文化传承发展工程的意见》等指导性政策。在《非物质文化遗产法》的指导下，建立起了"国家—省—市—区县"的非遗保护体系。各级地方政府也出台了相应的地方性法律法规，推动非遗的保护与传承，推动非遗的文创开发。

其次，鉴于文创产业在国民经济中的重要地位，各级政府积极推动文创产业的发展，以地方性促进政策为指导，以文创集聚区、文创产业园、影音娱乐产业园等作为空间载体，推动非遗与文创的结合，推动非遗的文创产业化开发，促进城市经济的发展和产业结构的升级。

最后，充分挖掘非遗的地域性、独特性特征，将非遗作为城市独有的文化元素，作为城市营销推广的重要工具及载体。

2. 民间

来自民间的非遗文创推动力量是政府的重要补充，具有公益的、文化保护与传承的特征，主要体现在三个方面。

一是非遗传承人或从业者，作为与非遗项目密切相关的群体，担负非遗保护和传承的重要责任与使命。从功利的角度而言，非遗项目是这一群体安身立命的基础和手段，传承人主动进行非遗文创的开发和推动，是其获取经济收益的途径。

二是在相关政府主管单位指导下的非遗行业协会。非遗行业协会在协助非遗传承人、获取社会资源、促进文化传播等多个方面，推动非遗及非遗文创的发展。

三是民间 NGO（非营利性组织）。全世界有众多关于文化传播、文化多样性保护的非营利性组织，以资金资助、资源整合、深度参与项目等形式参与非遗的保护与传播，与现代结合的非遗文创是其保护和传播的重要途径。

3. 市场

我们身处于社会主义市场经济环境中，产业发展最大的力量来源于市场的推动。政府对非遗文创的推动是宏观的，通过法律法规、宏观政策等营造良好的发展环境。民间的推动是辅助的，主要以公益性导向（文化及文化多样性保护、资源整合、培育内部能力）推动非遗文创的发展。非遗文创最重要的推动力来自市场。各参与主体在法律法规及政策之下开展以非遗文创为核心的经营工作，在文化保护与商业价值平衡的前提下，使之更具有经济效益，从而获取直接的动力。因此，在非遗"生产性保护"原则之下，必须以市场为导向，创造、迎合、引领市场需求，获得市场认可，实现非遗文创的经济效益。

二、非遗与文创结合所出现的困境及相关建议

众所周知，我国文化资源极其丰富，但是与文化资源相关的文化产业发展并不理想。针对非遗与文创融合过程中出现的一系列问题，我们从以下几个方面进行讨论。我们要清楚非物质文化遗产与文化创意产业的界限，分清传承人与文创产业开发者的职责分工。关于非物质文化遗产与文化创意产业的界限问题，我们知道，非物质文化遗传的传承人在实际的传承过程中不可能单纯地只生产迎合市场需求的产品，这样做会使非物质文化遗产丧失其背后的文化属性，非遗也就不能被称之为"非遗"。同时，市场也不可能为了方便传承人记忆的传承而为其创造出专门的市场体系，这种做法也违背了市场规律。非物质文化遗产与文化创意产业有诸多的相通之处，两者相互交融，相互依赖，因此区分两者之间的界限是一件难事。但是通过非物质文化遗产自身的特性，我们可以对两者加以区分。

非物质文化遗产所具有的活态性、传承性的特点就要求我们在非物质文化遗产与文化创意产业融合的过程中，特别注意非物质文化遗产传承、发展和创新的问题。非物质文化遗产与其他文化遗产最大的不同就是它的活态性、流变性和传承性。非遗的传承工作必然需要传承主体的实际参与，表现出一种特定时空下主体复活的能动性。毫无疑问上一代必须把自己的知识、技艺和技能毫无保留地授予下一代，这是非遗"传"的问题，下一代是否要在原有的基础上融入时代的特色进行创新，这是非遗"承"的问题。非物质文化遗产最大的特点便是其活态流变性，它是鲜活的文化，是文化的活化石，是原生态的文化基因，因此我们要尽可能地保留其固有的原貌。

对于对非物质文化遗产进行创新是否会伤害到其原真性的这个问题，我们应当具体问题具体分析。有些非遗项目可以创新，如瓷器。随着科技的发展，我们找到了一些可以替代原有的材料的物质，使原来的瓷器在韧性、色泽等方面达到

更高的效果，这种做法值得提倡。但一些损害非遗所蕴含的价值、把非遗改得面目全非的做法就不敢苟同。非物质文化遗产重要性在它有深厚的历史价值、文化价值，我们可以在不伤害其价值和技艺的重点不变的情况下有选择地创新，胡乱地进行改变和创新，使非物质文化遗产失去其文化价值，对非遗的伤害则是不可估量的。如苗族的舞蹈起源于黄帝大败蚩尤、苗族人戴着沉重的手铐脚镣心情悲痛地送蚩尤下葬时所作的舞蹈。所以苗族舞乐调缓慢，步伐沉重。如果把它改编成欢快愉悦的舞蹈，那么它背后所承载的历史文化则通通变味。同时对于非物质文化遗产的创新与发展我们必须要清楚什么是发展、为什么发展、发展的模式是什么、发展最终的结果是什么，不能一刀切，一概而论。我们要做到崇新与崇古并重、保存与创新同在、保护与发展并行的大格局。此外，在非遗与文创融合的过程中，要特别注意非物质文化遗产传承人和文化创意产业工作者职责分工的问题。传承人需要原汁原味地把老祖宗留下来的东西传承下来，但是对于文化创意产业的开发者则没有这个要求。文化创意是以文化为元素、融合多元文化、整理相关学科、利用不同载体而构建的再造与创新的文化现象。

文化创意产业的核心就是"创造力"，即最大限度地发挥人的主观能动性，同时这种创意必须是独特的、原创的以及有意义的。非物质文化遗产是民族文化的印记，是以人为核心、以生活为载体的活态传承实践。从非物质文化遗产的本源来看，传统工艺制品大多数是先人的日常生活用品。在当下国家文化大发展战略和文化消费需求高涨的背景下，非物质文化遗产与文化产业的结合已是顺应时代发展的必由之路。利用好自己独特的文化资源，打好特色文化牌，开发出各类文化产品，并让大家记住一个符号，一段历史，一段文明。

另外，在非物质文化遗产与文创产业的融合过程中，需要处理好非遗的开发及商业化运作的问题。作者认为，非物质文化遗产自身具有双重价值，首先是遗存价值，即要确保能够存活而不消亡，才可能被传承、开发、研究，这是根本因素，也是前提条件。其次是非物质文化遗产的经济价值，但这只有在非物质文化遗产存活的前提条件下才有可能实现。非物质文化遗产是否可以进行开发，这个取决于非物质文化遗产自身的传承规律，并非取决于我们的主观意志。

在实际的保护过程中，我们应对一些在历史上走市场、在当代仍具有市场潜能和开发价值的非遗项目进行产业化开发，要在遵循非遗项目固有传承规律的基础上，通过符合市场经济规律的开发，吸引更多的社会资源参与到保护非物质文化遗产的事业中来，同时也要深挖非遗的文化内涵，提炼其文化精髓，通过非遗与文创产业的融合，找到创意开发的突破点，从而增加产品的文化属性，增强文化的吸引力，形成独特的文化标志。当然，市场也是一把双刃剑，处理不好，则会对非遗造成致命的伤害。在市场化的过程中，我们尤其要注意防止由于商业的滥用对非物质文化遗产背后所蕴含的价值造成的伤害。在非遗项目开发的过程中，特别是一些表演类的非遗项目，尤其要注意保护该非遗项目所处的文化空间，保护其固有的民族特色，尊重社区居民的风俗习惯，切勿将外来的生活方式和意志强加到当地人身上。

加强对民族文化的挖掘和保护是民族文化发展的强根之本，也是文化创新的必由之路。对于非物质文化遗产来说，需要保护与传承，但是更需要影响力。除了对传承人的保护，还设立文化生态保护区，借助文化产业的发展之力，用更加活泼的面貌提升非物质文化遗产的知名度和感染力。文化产业作为一个新兴的产业，具有独特性的非物质文化遗产也为文化创意产业开发者提供了无限的灵感，提升了文化产业的实力和竞争力，让丰厚的历史文化资源转化为丰富的文创资源。非遗的"保护"不要仅止于保护，要想获得更加持久的生命力，必须要和当代生活紧密联系。通过文化创意，非物质文化遗产与现当代艺术进行资源得到相互促进，让非物质文化遗产转化为更加生活化、设计化和艺术化的文化衍生品，让非物质文化遗产走进千家万户、让非物质文化遗产在文化传承、项目开发、品牌拓展和旅游带动上形成完整的产业链，从而有效地促进技艺的保护传承。

第三节　非遗与文创产业融合的案例分析

近年来，非遗与文创产业在相互促进、相互借力的借势中融合发展，在这种发展趋势下，部分非遗项目找到了"生产性保护"和"产业化发展"的实施路径，文创产业也得到了非遗的 IP 支撑和文化赋能。从长远来看，非遗的传承与保护任重而道远，随着社会的发展，其传承与保护路径也将不断创新才能满足需求；而文创产业逐渐成为国民经济的支柱产业，伴随着经济结构的调整，在当前创意经济驱动下，文创产业的增长空间和增长潜力巨大。作为传统文化、传统智慧的结晶，非遗融入文创产业的发展也有广阔的空间。本章对非遗融入文创产业的典型案例进行分析，探寻现有案例对二者融合发展的借鉴意义。

一、非遗＋主题商业街区

（一）商业街区的形态及收益模式

1. 商业街区的形态

随着中国城市化进程的加快，商业街区作为城市重要的商业服务业以及文化旅游业有配套的功能，呈现出丰富多彩的形态。结合实际情况来看，目前城市商业街区的主要形态有三种：一是临街商业。这种商业形态呈现出带状的特征，以住宅底商、沿街商铺为主要形式，以生活服务业态为主。其辐射能力不强，主要服务于周边居民，具有路过性而非目的性的消费特征。二是集中商业。随着城市土地资源的稀缺，城市商业呈现出集中的趋势，以大型商业综合体、大型集中复合商业街区为主要形态，具有典型的目的性消费的特征。集中商业在空间形态上体现为垂直空间的整合利用，在商业定位上凸显差异化的商业主题或号召性的商业资源。三是占地面积大的主题商业街区。这种商业形态一般处于城市规划中低容积率的区域（如生态缓冲区），或是临近景区、文保单位等。这种商业形态具备非常明确的主题，承载旅游服务功能或城市文化休闲娱乐功能。

2. 收益模式

商业物业是高成本的物业。其原因在于：第一，商业物业的价值取决于地段，商业价值越高的区域，其土地成本越高；第二，商业建筑本身的建设装修成本也比其他物业要高得多；第三，商业，特别是集中商业，有大量的、非直接经营面积的公共空间，如厕所、通道等，为体现消费的舒适性，越是高端的商业物业，其公共空间的尺度越大，这些公共空间作为公摊摊入了经营面积，也间接地增加了物业成本；第四，商业物业的日常运营维护成本也比较高昂（物业管理能耗等）。因此，商业运营的模式无非是高客单价模式（单次消费高，以质取胜）、高人流量模式（低消费，高人流量）、或是二者的结合（在空间上以平面及垂直关系划分区域）。

在商业物业的收益方面，主要以物业租金收益衡量其投资回报价值。租金的高低也反映了商业的经营水平。因此，商业街区自身的定位、空间规划、对商业业态的吸引力、商业的品质和消费的舒适体验性等成为商业经营的重要影响因素。随着城市商业竞争越来越强烈，社会消费的精神消费特征越来越明显，城市商业的主题定位显得愈加重要。

（二）文化对商业的赋能

在商业街区竞争越来越激烈的背景下，为更好地吸纳商家入驻，满足社会日益增长的精神消费，体现商业街区的主题差异性、消费的舒适与体验性，增强目的性消费的特征，文化进入了商业街区打造的视野。其原因在于：文化具有多样性，可以细分到多个领域；文化与品质、格调具有内在联系；文化具有主题性，细分文化领域更能锁定精准用户；在文化主题之下，营造的商业氛围具有消费体验感；文化具有参与性与体验性。

在文化对商业较强的赋能下，非遗也成为商业街区的一大主题。非遗有多个类别，每个类别都有众多的商业业态。非遗传统文化特征：与当下社会生活存在距离从而产生新奇感；非遗参与体验性、展演与演艺性等，充分满足主题商业的需求，而且其目的性消费特征更为明显。因此，近年来我国涌现了多个非遗文化主题的商业街区。

（三）典型案例

成都文殊坊是典型的非遗主题商业街区，紧邻知名的寺庙文殊院。文殊坊位于成都市中心偏北，邻人民中路三段，一环路以内。根据规划其四至为：东至北大街、草市街，南至白家塘街、通顺桥街，西至人民中路，北至大安西路，规划用地面积 33.25 公顷。文殊坊依托文殊院打造，其建筑形态以川西民居风格为主，色彩以青灰色为主，建筑高度在 3 层以内，坡屋顶、木穿斗结构。多用木、石、石灰、小青瓦等本土材质。建筑形态以"四合头"房庭院为主，建筑立面及平面灵活多变，多用檐廊、连廊等组合连接，形成街坊。自开街以来，吸纳了众多外地游客和本地消费人群，成为成都城市旅游的一大目的地。2012 年以来，文殊坊积极引入了多个非遗项目，其中以传统美术和传统技艺类非遗项目为主，有蜀锦、蜀绣、竹编、漆器、砚台、银花丝、传统美食、藏香、嘉绒彩塑等项目，在商家入驻方面有成都漆器、刘氏竹编、道安银花丝、藏羌绣、蜀江锦院、蜀锦工艺品厂、自贡龚扇等，由此成为成都知名的非遗聚集区域，同时带动了大量餐饮、旅游服务、工艺品销售等业态入驻。

目前，文殊坊一期的提档升级工作已经完成，2022 年年底，文殊坊二期项目正式开街亮相。根据规划，文殊坊以"文创产业地标和创新消费引擎"为总体发展定位，将围绕文化休闲旅游而建设的城市游憩功能区（简称 RBD）、城市居住功能（简称 LBD）以及城市商务功能（CBD）统一成一个整体，通过扩大空间范围、整合并引进国际国内文创产业资源，形成文化演艺组团、文创科技组团、文化艺术组团和创新消费组团四大组团，将文殊坊片区打造成特色鲜明、整合力强、创新活跃的成都文创圈，形成以传统文化为灵魂、创意产业为引擎、创新消费为支持的历史文化名城旅游目的地。

（四）案例的借鉴

纵观文殊坊商业街区的发展历程，在规划建设之初，其以佛禅文化为商业主题，经营效果不佳，从而重新定位商业主题，将非遗作为商业文化主题。随着非遗业态的入驻，街区形成了鲜明的文化特征，带动了其他消费业态的入驻，推动了文殊坊商业街区的发展，并成为城市旅游目的地和城市休闲娱乐区域。这说明了非遗与商业街区结合是可行的，具有生命力的。在新的历史条件下，依托文殊坊非遗主题商业街区，充分发挥其辐射与带动作用，并与文创结合，将文殊坊片区打造成成都的"文创产业地标"，形成完善的"非遗文化—文创—消费"产业链条，这是"非遗 + 主题商业街区"到产业聚集区的新的实践。

二、"非遗 + 旅游景区"

（一）非遗与旅游景区的融合发展

最近几年，广大游客在非遗与旅游上获得了更多的文化体验，这表明非遗在对"活"起来的探索上又迈出了新的一步。非遗与旅游"携手"踏进景区，展示更具活态化的景象，在很大程度上提升了非遗在文化、旅游等方面的价值水平，也为旅游这项活动增添了更多的趣味。非遗进景区，除了可以通过文化吸引更多游客，还能让游客被文化熏陶，让游客感受景区特有的历史价值与文化精神，使得游客在获得感官享受的同时，丰富自身的精神世界。

在长安大学旅游规划院院长丁华教授看来，面对新形势、新机遇，想要科学地加快非遗与旅游的融合，就要从以下几方面入手才能做好工作：首先，要发掘非遗的历史文化内核。在特定的区域范围内，要重视地方性特征、历史性特征以及特有的文化特征，并对以非遗为基底的文化形式、文化符号、文化场所、文化实物进行深入挖掘，从而寻求非遗文化的本质价值观与中心思想；其次，要以创新的手法提升旅游整体活力，让传统非遗和当下生活产生联系，以满足旅游者不断提升的体验需求；再次，要在保护的基础上开发具有地方特色的文化产品，以传承为核心，构建合理利益分配机制；最后，要充分考虑非遗传承人在生活和生产中的具体价值，通过利益的合理配置与科学传承，不断促进非遗的可持续发展。

（二）典型案例：道明镇竹编主题乡村旅游区

1. 道明镇竹编主题乡村旅游区综述

道明镇位于四川省崇州市西北部，距成都市区约 60 千米。辖区面积 36.1 平方千米，总人口约 22000 人。道明镇处于丘陵与平原的结合地带，丘陵与平原地貌各占一半。区域内植物多样，生态环境良好。道明镇距成都市区约 60 千米，约 1 个小时车程。境内交通发达，紧邻成温邛高速，川西旅游环线穿境而过，并有国内最美的乡村公路之一——重庆路。基于良好的区位优势及交通基础设施，道明镇已成为成都近郊游、乡村游的旅游目的地。

2. 道明竹编项目基本情况

（1）国家级非遗名录项目

道明竹编历史悠久，已有 2000 余年的历史。由于道明镇盛产竹子，因此当地居民多以竹为原料制作生产生活用品。从清代开始，道明镇竹编不断从粗到精、从简入繁，不断开拓创新，现有平面竹编、立体竹编、竹编等主要体系，其中的各式箕、篮、盘、碗、瓶、盒、灯、字、画、茶具等数十个大类，上千个花色品种。

2014 年，道明竹编入选第四批国家级非遗名录。目前道明镇有四川省级非遗竹编传承人 3 人，成都市级传承人 2 人，崇州市级传承人 21 人。

（2）崇州及道明镇的旅游特征分析

①乡村游、近郊游目的地。崇州市依托山水田园资源及古镇进行乡村游、近郊游开发，成为成都周边知名的乡村旅游近郊旅游目的地。游客主要来自成都市区，目前景点有重庆路、白塔湖、街子古镇、元通古镇、桤木河湿地公园等。目前，前往崇州游客的主要目的地是街子古镇。重庆路的知名度远高于道明镇，但游客主要集中在春季赏花期间。

②以线带面，发展乡村旅游业。川西旅游环线：经过崇州市及道明镇，将崇州市几大知名景点如街子古镇、怀远、重庆路等串联起来。

稻香旅游环线：崇州市规划建设了约 60 千米的"稻香旅游环线"，串起川西新农村，进一步推动了区域内乡村旅游的发展。

登山健身步道：2016 年年底，崇州市在王场镇、道明镇建设了 38 千米的登山健身步道，将水系、山体、田园、林盘、历史文化古迹相连接，依托步道开展旅游基础设施及配套设施的建设。

（3）季节性强

目前，道明镇最为知名的景点为有着"中国最美乡村公路"之称的重庆路。这是一条春季赏花的线路，因此，道明镇的旅游旺季是春季 3—5 月份，呈现出非常强的季节性特征。这也说明道明镇在旅游开发上还面临较大的发展空间，在旅游产品、旅游项目上还有很大的潜力。

（4）旅游配套设施层次较低

在道明镇游客集中的区域重庆路一带，分布着众多的农家乐，这是主要的旅游接待设施。由于游客的季节性特征，因此这些农家乐在淡季时均不营业。而且中高端旅游服务设施比较欠缺，目前，仅"竹里"的硬件设施及服务水平较高。

（三）案例的借鉴

1. 非遗具有作为旅游号召性资源的能力

从道明镇旅游规划和实践中，我们可以发现，道明镇开发了以竹编等非遗项目为主的旅游资源，并以竹编工艺为中心，广聘竹编艺人、艺术家，也引进了文创开发和包括精品民宿、餐饮在内的旅游休闲项目，大力构建具备文化独特性特征的乡村旅游景区和近郊旅游景区。这说明了两方面的问题：第一，非遗资源具有成为核心旅游资源的能力；第二，非遗资源的独特性、地域性特征使其在旅游开发上具有文化独特性、差异化的优势。

2. 非遗产业的跨界发展与延伸

目前，道明竹编已具有良好的产业基础，并有效地带动了当地及周边大量居民的就业与收入。道明镇在打造竹编主题旅游区域时，广泛运用竹编元素、产品及竹文化，将竹编工艺与旅游、环境及室内外装饰工程深度结合，这对非遗技艺而言是一种推动与促进。非遗项目竹编不再仅仅被作为手工艺品，而且拥有旅游纪念品、环境景观装饰艺术、软装装饰品、建筑空间等形态，丰富了非遗产品的外延，这对非遗技艺的传承与创新而言具有重要的意义。

3. 政府的大力扶持

道明竹编的成功与政府的强力支持分不开。政府将非遗项目竹编作为重点产业进行扶持，从资金、人才、对外合作与交流教育、旅游、规划等各个方面予以支持，并将竹编作为旅游环线上的重要节点以及主题旅游景区进行规划建设，这有效地、有力地推动了"非遗 + 旅游"的发展。

4. 非遗产业本身是实现"非遗 + 旅游"实践的基础

各地都有非遗项目，但能否有效地将"非遗 + 旅游"进行实践，这与非遗项目本身的产业基础有关，与其社会影响力、社会经济效益也有关。在"非遗 + 旅游"中，非遗是基础。若非遗本身发展不足，影响力及带动性不够的话，"非遗＋旅游"仅停留在口号上，无法实质性地提供旅游氛围、产品及体验，从而难以落地。而道明竹编通过"协会＋专业合作社""大户＋散户""公司＋农户"等多种形式，充分运用市场经济手段和政府的调控政策，壮大了竹编非遗产业本身，具备了"非遗＋旅游"的基础。

5. 创新性地打造非遗主题旅游景区

旅游开发的资金需求甚大。企业以商业经营为目的对景区进行开发，必然研究其投入产出比、资金的投资收益率。因此，企业在景区开发的选址上非常慎重且苛刻。道明镇竹艺村的开发由政府主导，因此政府的投资更为有限，从访谈也了解到目前竹艺村尚有资金缺口。在竹艺村的开发上，当地政府正创新性地开展工作。体现在：第一，保留林盘村落等生态本底，仅进行风貌改造；第二，不拆迁安置，以租用等方式节约前期成本，并让村民参与后期的经营，直接获得经济效益；第三，实现农村与景区的共同发展；第四，引入社会资本在政府统一规划下参与建设。这对其他非遗主题景区开发而言，在节约投资、乡村建设、村民增收等方面具有较强的参考价值和借鉴意义。

三、非遗＋文化创意产业集聚区

（一）文化创意产业集聚区的形成及发展因素

1. 文化创意产业集聚区的形成

站在当代世界文化、经济的层面，我们可以发现创意产业无论对中国经济的整体提高还是对中国产业结构的更新完善，发挥的影响越来越深远。就目前来看，我国创意产业可谓蓬勃发展，包括北京、上海、深圳、杭州在内的多个大城市的创意产业正在飞速发展，创意产业集聚区已经初具规模，并主要分为自上而下的政府引导推动、自下而上的自发形成、政府推动与自发形成相辅相成等三种类型。

2. 文化创意产业集聚区的发展因素

文化创意产业集聚区需要在充分理解创意产业本身属性的前提下，找到并建设好自身发展需要的条件。文化创意产业集聚区要兼具经济、社会、政治、文化等要素。其中，社会因素是影响集聚区内企业经营绩效与竞争力的关键因素之一。构建与发展文化创意产业集聚区需要社会因素，即人才、科技等方面的因素等。集聚区一定要有能力去培育创新型人才、吸引创意人才，凭借区域特有的人文气息、生活环境和优厚待遇，提升对创意人才的吸引力；此外，还必须有发展创意产业所必备的数字技术、网络技术、现代信息技术和相应的设备。

经济因素既有企业因素，也有设计市场需求因素。集聚区要有吸引高水准创意企业、扩大创意企业规模的实力，也要针对区域市场环境与需求进行评价，根据多样化市场需求拉动行业发展。在当市场环境还不完善时，可以考虑通过公共机构刺激需求。

受文化因素的影响，集聚区要以本区域的特色文化积淀与文化氛围为基础进行构建，要对二者进行不断的创新开发与创造利用，集聚区要集工作条件、旅游休闲条件、日常生活条件等于一体，为创意人群营造轻松愉快的氛围。

（二）典型案例：景德镇陶溪川

1. 项目基本情况

隶属于景德镇陶文旅集团的景德镇陶邑文化发展有限公司打造了陶溪川。陶溪川将对陶瓷工业遗产进行保护与开发视作自身的目标，不断开发陶瓷文化创意、现代服务等产业，旨在供应城市文创产业内容，并围绕其进行相应运营。

陶溪川一期以原宇宙瓷厂 22 栋老厂房为核心启动，建成陶溪川文创街区，于 2016 年 10 月 18 日正式开业。目前，陶溪川已被文化部列入国家特色文化产业重点项目；入选首批国家级文化产业示范园区创建资格名单；荣膺联合国教科文组织 2017 年度亚太文化遗产保护创新奖；成功入选住建部城市双修产业升级与园区整合规划示范样板，成为 20 个全国城市设计经典案例之一。陶溪川现已成为景德镇与世界对话的新名片。

陶溪川的二期建设，力求将陶溪川打造成"世界艺术创意沟通平台""国家文化复兴先锋示范区""江西特色旅游景区""江西城市工业文明保护典范"。根据这一目标，陶溪川秉持对工厂、功能进行科学改造和塑造文化、规划环境的理念，对工业文化遗产实施抢救性措施，旨在建立集陶溪川板块、窑作群板块、学生村板块、红电街板块于一体的创意产业群；大力建设陶瓷工业遗产博物馆、七十二坊陶冶图全景展览大厅、学徒培训基底等与非遗传承相关的场所，并紧跟国际时尚潮流，遵循现代经营规律，以构建闻名国际的现代化服务业集聚区为最终目标。

2. 项目发展分析

（1）核心非遗技艺：景德镇陶瓷

作为千年瓷都，景德镇堪称闻名于全球。根据考古，景德镇从唐朝即出现瓷器的生产，这项手艺在宋元时期飞速发展，明、清两朝，景德镇便成为制瓷中心。景德镇的手工制瓷技艺基本确立于宋朝，瓷业的内部分工随着时间的推移越来越细致，并发展出特有的瓷业风俗，它在景德镇制瓷史上亦占有重要地位。另外，景德镇瓷业的建筑和营造技艺也冠绝全国，从选址布局到空间形态都体现着工匠们精湛的艺术造诣。作为景德镇传统制瓷作坊，"窑房"是我国工厂手工业中不可多得的场所物证之一，极具历史、文化、旅游等方面的价值。第一批国家级非物质文化遗产代表性名录于 2006 年将景德镇手工制瓷技艺和传统瓷窑作坊营造技艺收录其中。此后，对景德镇非物质文化遗产——传统制瓷技艺的继承与保护工作正式启动。

景德镇手工制瓷技艺于 2006 年 5 月被有关部门收录至国家级非物质文化遗产名单。在 2009 年，经专家审核，"景德镇传统手工制瓷技艺"作为中国代表技艺向联合国申报 2010 年"非物质文化遗产代表性名录"。

（2）从非遗技艺到陶瓷文创产业

2010 年，景德镇市陶瓷文化创意产业就业人数达上万人，陶瓷文化创意产值达 60 多亿元。陶瓷文化创意产业已成为景德镇市最具有潜力的连续产业之一。2018 年，景德镇全市陶瓷工业企业 2000 多家，实现产值上百亿元，占全部工业企业总产值的比重很高。在目前陶溪川建成的 8.9 万平方米街区内，经过业态不断调整，用于文化产业的建筑面积达 7 万多平方米，引进品牌企业超过 170 家，其中文化企业近 150 家，占企业总数的一半以上，主要包含陶瓷创意、文化传播、美术展览、艺术设计、非遗保护、教育培训等，从业人数约 4200 人，占从业人员总数的近九成。其他配套现代服务业比较完善，主要是餐饮、娱乐、商业、配套服务等。

（三）案例的借鉴

1. 工业遗产的活化利用

陶溪川从文化角度出发，以千年陶瓷非遗文化、百年工业底蕴为基础，将 100 年的近现代陶瓷工业遗产和 600 余年明清御窑陶瓷文化的梦幻联动变为现实。陶溪川核心启动区周边曾有 11 家国营老瓷厂。陶溪川陶瓷工业遗产众多，历史记忆丰富，是典型的城市老工业区。中心城区范围内有历史文化街区 1 处、国保单位 1 处、老窑址 6 处、传统老里弄 40 条、重要历史建筑 55 处、传统风貌建筑 320 处。陶溪川的景观生产是在工业废弃的基础上建构而成的，宇宙瓷厂工业化时期的厂房、烟囱、机械设备等这些工业遗产是建构的基础，将这些视为可利用的资源进行了很好地再利用。陶溪川的建构过程就是将这些工业遗产作为文化资源进行活化利用，再生产出符合现代审美的艺术区景观的过程。

2. 通过艺术家驻场模式打造集聚区品牌形象

陶溪川通过驻场艺术家模式，即设立艺术家工作室，吸引国外的艺术家在当地驻留。艺术家们在这里创作，陶溪川为他们提供日常生活服务。艺术家创作的作品一部分就放在陶溪川进行展卖，以此吸引世界各地的艺术收藏家来到这里。这种模式吸引了来自欧美亚非 20 多个国家 45 位外国艺术家入驻，创作各类作品 200 多件。此外，还引进了包括韩国青瓷研究所、美国门县画廊在内的 10 家海外陶瓷机构，以及包括安田猛和 IAC 成员在内的几十位在国际上享誉盛名的陶瓷大师。

3. 传统非遗技艺保护的全新探索

目前，陶溪川已经在故宫博物院、北京国贸商城、重庆磁器口、青岛即墨等地开设品牌形象店。在"走出去"战略的带领下，不断进行对外开拓，以陶溪川品牌、陶溪川文创产品输出、陶溪川活动模式为入手点进行整体输出，并以陶溪川为载体，对传统、艺术、时尚、科技加以融合，从而打造"陶溪川"文化大 IP。

陶溪川通过充分利用老厂房、老里弄、行帮会馆，打造工业遗产集聚区，为城市新兴产业集聚和功能提升创造空间载体；通过培育新的业态模式，为产业发展指明方向，引爆新的经济增长点，推动当地文创产业蓬勃发展；通过讲述陶瓷背后的故事，挖掘人文内涵和历史价值，弘扬工匠精神，为陶瓷非遗保护作出了全新探索。

四、非遗 + 文创衍生品

（一）非遗文创衍生品发展综述

首先，创意打开了非遗产品发展的窗口，实现了传统技艺、邮品、传统服饰、家居用品之间的结合，从而实现向新型工艺品的过渡，可以解决各类消费群体的实际需要；其次，非遗衍生品创意设计也激励着传承人去探索、丰富非遗题材与表现手法，拓宽应用范围，发掘出更深层次的价值，让创造的作品更符合时代要求。

位于扬州的中国剪纸博物馆于 2010 年对外展示的剪纸艺术灯，实现了扬州剪纸和灯具的完美结合，其表面由皮绒布制作而成，还有多种多样的吉祥图案都可以通过剪纸艺术展现出来；灯内有耐高温、方便清除的阻燃隔板。从整体看，剪纸艺术等既带有传统韵味，又不失时尚美感，广受群众欢迎。通过非遗衍生品，传统非遗技艺得到了更多人的关注。非遗衍生品的广阔市场，让衍生品生产成了文化开发中很显眼的一个领域。在"非遗 + 博物馆"模式下制作非遗衍生品也是目前比较流行的方式。这种模式极大地促进了文博创意衍生品的开发，已经成为众多研究人员普遍关注的焦点。加强文博创意衍生品开发，可以切实保护我国非物质文化遗产，开发出符合大众需求的文博创意衍生品，推动文化事业的长效发展与运作。

（二）典型案例：广东醒狮文创衍生开发

1. 项目核心非遗技艺：广东醒狮

广东醒狮属于中国舞狮中的南狮，是融武术、舞蹈、音乐等为一体的汉族民俗文化。历史上，广东醒狮由唐代宫廷狮子舞脱胎而来，五代十国之后，随着中原移民的南迁，舞狮文化传入岭南地区，明代时期，醒狮出现在广东南海县（今广东佛山）。醒狮原名为瑞狮，意为吉祥如意，后被改为"醒狮"，寓意为"醒狮醒国魂，击鼓振精神"。自改革开放以来，醒狮作为一种传统民俗文化得到了不断的传承与发展。广东醒狮于 2006 年 5 月被国务院认定为首批国家级非物质文化遗产。

2. 代表性开发案例

（1）《醒·意》醒狮月历文创礼盒

《醒·意》醒狮月历文创礼盒由广州市新华书店与半夏文化联合出品。"醒·意"取自醒狮舞动送吉祥的好意头，"醒"为"醒目"，神采奕奕，醒目过人；"意"为"得意"，春风得意，事事顺利。《醒·意》的创作及设计灵感均来自岭南本土的非物质文化遗产，以广东醒狮为设计主线，结合南拳咏春、长板凳、岭南建筑、西关大屋等元素，精心制作出醒狮月历、咏春便笺纸、板凳 U 盘、收纳底座，并配套精致独特的礼盒包装。整个礼盒将时尚、实用和传统文化融为一体，不仅大方实用，还能传承文化，寓意美满。当设计融时尚、实用和传统文化于一体的时候，非遗文创衍生品也能变成高级雅致的妙物。

（2）《王者荣耀》醒狮文创开发

《王者荣耀》与佛山市南海区文化广电旅游体育局（醒狮非遗申报方）围绕"醒狮非遗文化"，将跨界开展南海醒狮文创项目合作，游戏角色鲁班七号当选"南海醒狮非遗推广大使"。《王者荣耀》致力于以游戏的形式，引导年轻人在"玩"的同时"学"到中华优秀传统文化，感悟历史之美。在本次的文创合作中，设计师根据非遗技艺南狮狮头扎作的形象、赋色和线条，提炼设计出了"鲁班七号 – 狮舞东方"新皮肤，希望通过经典的"南狮"形象，让玩家体验到传统舞狮文化的魅力。

（3）"狮王阿醒"国潮文化 IP

2018 年 3 月，在佛山诞生的"狮王阿醒"，是一个以中华"醒狮"传统文化为原型创作的国潮品牌，由深圳冰橙子科技有限公司创作开发。2018 年 4 月 16 日，"狮王阿醒"的形象初型在北京电影节初次登场。同年 8 月，"狮王阿醒"在深圳 IP 授权展初次亮相后，就以其鲜明的色彩和现代的设计感引起广泛关注，短短几个月，国内众多品牌及美吉特广场、广州龙狮会等活动纷纷开始与"狮王阿醒"进行品牌联动。

五、非遗 + 品牌跨界开发

（一）非遗品牌跨界开发综述

根据清华大学文化经济研究院发表的《新文创消费趋势报告》，品牌跨界产品通过电商平台获得的市场销售量大概为博物馆自营文创衍生品市场销售量的 3 倍。国际授权业协会主席莫拉·里根强调，当今时代，授权业主要分布于媒体及娱乐行业，但随着科学技术的不断更新，人与艺术品之间的联系更为紧密，在授权业中，文化艺术机构越来越多地占据了主导地位。中国文化源远流长，具有丰富历史价值的非物质文化遗产也不断探索着商业化之路。以保存与发展我国文化遗产为目标，我们要对传统艺术进行弘扬与保护。非遗在当今的发展中面临很多问题，如何让更多人认识到其独特魅力，使其得到更好的传承和创新，是一个亟待解决的问题。以品牌联名为表现形式，打造文化 IP，不仅可以增加品牌的价值，增加销售量，也能传承优秀民族文化，让人们感受到民族风格的魅力，提升民族认同感，还能促进传统艺术与现代潮流的融合，让艺术更具有生命力。

然而，非物质文化遗产与博物馆之间存在很大差异，它比较小众，来往旅客更多的只是驻足观赏。站在机构与传承人角度看，对非物质文化遗产进行整合并将其投入市场进行商业化营销是十分困难的。

（二）典型案例：藏羌织绣品牌跨界合作

藏羌织绣是"藏族编织、挑花刺绣"和"羌绣"的合称，二者均为国家级非物质文化遗产代表作。藏羌织绣有着悠久的历史，早在新石器时代就已经发端。

为了使藏族织绣与羌绣技艺可以同时得到保护和发展，杨华珍长期收集藏羌织绣传统技法制作的作品，并进一步整理、修复、融合、创新，对藏羌织绣技艺进行抢救性保护。至今，杨华珍的团队已收集藏羌织绣服饰图案 600 种以上，藏羌织绣挑花刺绣绣片 920 余件，藏族毛编织、麻编织、布编织（各种编织腰带、鞋带、呷乌带）样品 260 余件。对藏族挑花、刺绣的基本技法和针法进行了较为系统的整理与归纳。恢复了《天地吉祥》《释迦牟尼说法》《四臂观音》等藏族、羌族传统挑花刺绣作品。

非遗授权为藏羌绣、花丝镶嵌等非遗技艺赋能，给非遗品牌跨界合作带来创新发展之路。

（三）案例的借鉴

我们可以发现，与品牌进行合作，不仅要坚持将文化精华保留下来的原则，还要进行适当二创，而将图案印在商品上的简单操作是不可取的。设计者通常会根据品牌的需求和定位，在充分了解产品成分和品牌内涵的基础上，结合非遗的特点，为产品量身定做一款设计。

非遗传承人所生活的土地和自然是所有创作的灵感来源。关于创意、设计以及艺术，非遗传承人是专家，但是对经营和商业方面的事务他们可能并不那么了解，而文化 IP 的发展离不开优秀的作品，也需要市场化的传播方式。在品牌跨界合作业务上，需要专业化运作的团队，帮助这些非遗传承人的文化创意作品寻找合适的品牌方，即为创意寻找契合的载体，在推出契合 IP 属性和品牌调性的产品之后，将产品推向广阔的消费市场，再通过定期参与展会、开办个展、举办研学团的形式进一步拓展 IP 的知名度和影响力，吸引更多国际品牌和企业关注。专业团队能够给非遗传承人带来稀缺的渠道和资源，将非遗作品融入消费者的日常生活中。根据 Licensing International 的最新全球授权业周年调查报告，全球授权商品零售额总值 2800 亿美元，亚洲是全球第三大授权市场，授权商品零售额占全球市场的 12%。其中，中国内地年比增幅达 6.5%，为亚洲之冠。如今授权业的蓬勃发展，为推动经济增长积极贡献力量。非遗传承人更应把握机会升级转型，与时俱进，探索各种品牌跨界合作的可能性。

第四节 "非遗 + 文创"与乡村振兴、数字科技的融合

一、"非遗 + 文创"促进乡村振兴

（一）乡村振兴和非遗文创的相关阐述

1. 非遗文创产品在乡村振兴背景下的解读和联系

非物质文化遗产的类型多种多样，仅国家级非物质文化遗产代表项目就有 10 种。在乡村振兴的大趋势下，文化创意设计不仅要发展于乡村，更重要的是回馈乡村、服务乡村，要做到既能依托本土非遗文创走出村镇甚至走出国门，传播本土文化故事，又能对外来非遗文创进行借鉴和研究，渲染文化气氛，从而让乡村更具人文情怀与自然情怀。

我国乡村拥有丰富的资源，大量的优秀文化遗产蕴含其中。文化创意设计要从本土的非遗特色出发，仔细考量非遗在工艺流程、潜藏寓意、图案样式、形式美感等方面的真实水平，并以此为基础加以设计转换，还要通过特定的载体实现量产与定制，从而以乡村环境为优先考虑对象，大力研发生活用具、农产品外包装、景观小物件、导视标识等产品。

2. 非遗文创产品在乡村振兴背景下的设计理念

文创产品的设计要兼顾本土的创意主题、应用场景以及承载它的根基。对于普通百姓而言，非物质文化相对陌生，这就要求设计师发挥想象力，将创意融入设计过程中，按照服务设计的理念，站在不同消费者立场上，加强群众与非物质文化之间的联系，确保普通百姓对非物质文化有一定的了解，并将教化价值发挥出来。

非遗主体的种类繁多，有很多可供选取的代表性项目，如传统音乐、民俗文化、民间戏剧、传统舞蹈、传统技法、传统美术等。非遗项目不同，对应的设计

流程和表现手法也就不同，而不同的非遗项目可以使消费者更多地了解文创产品的非遗背景故事。

首先，绝大多数的非遗项目都可以通过插画这一平面设计方式表达非遗项目内涵故事。通过插画"描述"民间文学故事、传统戏剧经典桥段、传统技艺的制作过程、民俗场景等。兼顾形式美法则，通过平衡、对比、统一、对称等构图方式，将文字、图形、线条等点、线、面造型元素进行版式编排，再结合农产品包装、挂画、宣传标识、家用物品等载体，创新设计出消费者能够看得懂的文化创意产品。

其次，要在数字媒介的推动下进行非物质文化数字化传播。在当下这个信息时代里，非遗是一个国家软实力与核心竞争力的体现，也是一个民族文化自信的重要标志。新时期，非遗文创设计受益于科技的进步，为传播非遗文化提供丰富展示形式，使非遗文化变得更立体、具象，融入普通百姓的生活中。随着互联网技术的飞速发展，数字媒介也逐渐成为非遗文创设计师们关注的重点，并在传统与创新之间找到平衡点。例如全息投影、3D打印、虚拟现实、增强现实、仿真平台，等等，既可以进行全方位的展示宣传，并实现人机交互，又可以使人们身临其境感受非遗文化与非遗文创的设计历程。

最后，要灵活运用服务设计思维，对有形产品和产品体验、产品蕴含情感等无形产品加以构思规划。现今社会中，主要矛盾正处于转变阶段，消费结构也在不断更新，人们的需求向着更加个性化、更加多元化的方向发展。在乡村振兴不断推进的情况下，对无形产品进行设计迫在眉睫。首先，要在宏观角度对乡村振兴和非遗文传之间的联系进行认真考量，要以乡村为非遗文创资源的来源，并向非遗文创设计融入更多的乡村振兴元素；其次，非遗文创产品是围绕非物质文化设计而来的产品，它既是静态的，也具备一定的体验作用，还与服务系统存在紧密联系，人们可以对其操作环节、演绎环节、制作环节、绘画环节进行体验，进而收获更多的感官刺激与情感互动，并对其形成深刻印象，这也是非遗文创产品设计的价值所在；最后，非遗文创产品设计不能全部依靠设计师，整体服务系统中的村民、品牌拥有者、非遗传承者、城市消费者及其他利益相关人士也要参与其中。在综合考虑各方需求的情况下，非遗文创产品才能更为全面、更有价值。

可以说，文创产品应用场景随处可见。要选择生活意味更浓的应用场景，从群众的衣食住行和本地特色出发进行设计。非遗项目的保护与传承是一项长期而复杂的工作，需要我们不断探索新方法，用更多新颖独特的元素来满足大众多样化的需求。从根本上看，非遗文创产品的主体是非遗，且主要通过"产品"进行表现，"产品"就是文化创意载体。由于材质、制作工艺流程等方面不同，产品给消费者带来的视觉体验与心理感受也就不同。文创产品可以选用的素材数不胜数，也可以混合使用许多新型材料和各种材料。无论材料如何丰富，均应考虑到它的使用情景，及它可以在何种程度上与非遗主题相契合，在乡村环境下，也要充分考虑就地取材。只有这样才能够使设计出的产品既符合时代发展要求又能满足人们精神上的需求，从而让人们感受到非遗文创品独特而深刻的文化底蕴。非遗文创产品不应只是美观，还要足够实用，其功能与形式要实现真正意义上的完善统一，甚至超出产品固有属性范围，从而彰显非遗文创产品在文化、艺术等方面的价值。

（二）"非遗 + 文创"助力乡村振兴的策略

1. 持续推动非遗工坊建设助力乡村振兴

包括文化旅游部、国家乡村振兴局、人力资源社会保障部在内的多个部门联合公布了非遗工坊典型案例，共计 66 个，旨在贯彻落实党的二十大精神，加大对非物质文化遗产的保护力度，并助力乡村振兴的整体工程。其中，有很多工作成效较好、社会反响热烈、广大群众高度认可的非遗工坊案例，共同营造了新时代非物质文化遗产与乡村振兴进行融合发展的美感景观。

（1）非遗工坊为文化振兴增添色彩

文化振兴是乡村振兴的重要内容，各地通过加强非遗工坊建设，带动当地群众学习非遗相关知识和技能，在生产实践中推动当地非遗资源创造性转化、创新性发展，助力中华优秀传统文化的传承弘扬。很多非遗工坊推动了乡村地区群众在参与培训和生产的过程中，逐渐接受了新的生活方式和现代观念，促进了当地乡风文明的改善。比如，在推动非遗保护传承方面，各地非遗工坊均面向当地群众开展了广泛的技能培训，提高了从业者的技艺技能，扩大了传承人群的数量，推动了项目传承活力的提升。同时，陈氏定窑非遗工坊等很多非遗工坊结合当代生活需求开展生产实践，通过与高校进行研学合作等方式，加大对时尚日用产品的研发力度，推动了非遗与现代生活的连接。在促进乡风文明方面，很多非遗工坊将留守妇女、老人、闲散劳动力集合起来，推动他们从平日里喝杯小酒、打场麻将转为同堂学技，促进了家庭和邻里关系和谐，让乡风焕然一新。宁夏麻编非遗工坊带动银川市西夏区同阳新村、兴庆区滨河家园四村等移民村群众参与培训，帮助当地群众在就近就业的过程中获得精神上的富足感、归属感。庆阳香包绣制非遗工坊组织从业者及当地群众赴外省实地学习优秀技艺、先进理念，推动他们提升自身的综合素养。

（2）非遗工坊为产业振兴提供补充

产业振兴是乡村振兴的重中之重，各地充分调动高校、企业、电商平台、行业协会等社会力量的积极性，持续帮助非遗工坊提升产品设计、提高生产效能、拓展销售渠道，带动从业者感知市场需求和时代变化，培育富有民族和地域特色的传统文化产业，增强地区可持续发展活力。比如，在提升产品设计方面，汪清县关东粉王食品有限责任公司非遗工坊加大对快餐产品的研发力度，设计出口感更突出、保鲜期更长，能满足市场无须浸泡、出餐快需求的产品。在提高生产效能方面，新合索面非遗工坊制定了加工设施、加工工艺、产品包装、出厂检验、成品贮存等标准，统一原料、包装和销售，提高生产效率。鲁渝共建石柱县中益乡夏布非遗工坊依托东西部协作，与山东省外贸公司签订战略合作协议，引进先进生产技术、管理经验与服务理念，完善自身发展体系。在拓展销售渠道方面，嵊州竹编非遗工坊通过参与非遗主题民宿、山区乡村竹文化旅游等项目建设，拓展产品应用空间和销售市场。潜山市王河舒席非遗工坊与 20 多家民宿、竹工艺厂家长期合作，发展了 80 多家线下经销商，并依托阿里巴巴、抖音、微信等平台线上同步销售，多渠道推动产品销售。在发挥辐射带动能力方面，中泰竹笛非遗工坊通过开展苦竹基地培育、竹笛产销技能培训、竹笛周边产业设计等，推动竹笛全产业链发展，带动当地群众通过竹笛培育种植、竹笛制作、配件制作、竹笛演奏增收致富。

（3）非遗工坊为人才振兴贡献力量

人才振兴是乡村振兴的基础，各地结合本地区发展情况，支持非遗工坊根据自身特点，选用"非遗工坊 + 公司 + 农户非遗工坊 + 合作社 + 基地非遗工坊 + 代工点"等多种模式，通过面向当地群众，开展培训活动为乡村发展培育人才，通过提供创业就业平台，吸引了一批大学生返乡创业、外出务工人员返乡就业，推动人才扎根当地，参与乡村建设。比如，在扩大覆盖范围方面，赞皇县原村土布非遗工坊在当地刘家庄、曲江、千根、杜庄、东白草坪 5 个村建立下设工坊，互助金盘绣非遗工坊在当地威远、东沟、丹麻、五十等乡镇下设工坊，多个点位开展培训，广泛吸纳当地群众参与生产。在丰富就业形式方面，枝江布鞋非遗工坊采用"公司 + 进村培训 + 进厂师傅一带一"模式，推出了在家纳底灵活就业、在厂绱鞋固定就业、在点加工辅料隐性就业等不同的就业形式。山东省金昇工艺品有限公司非遗工坊在吸纳固定就业的同时，对当地残疾人、老年人、留守妇女等实行"送货到户、工资日结"，帮助他们实现顾家就业两不误的愿望。在照顾特殊群体方面，济南友谊葫芦非遗工坊根据当地残疾人需求，设计了残疾人专用的工作间，开发了几十种学习难度低的产品，方便残疾人开展生产。淮阳芦苇画非遗工坊面向周口市残疾人免费传艺、包吃包住，并设立村镇作品回收点帮助代加工的残疾人足不出户作业。洛南县巧手工艺品有限公司非遗工坊面向固定就业的残疾人修建无障碍宿舍、设置残疾人代步车专用停车和充电设施，并定期为居家就业的残疾人上门配送原料、回收成品，做好残疾人就业保障。

（4）非遗工坊为生态振兴添砖加瓦

生态振兴是乡村振兴的支撑点，很多非遗工坊结合当地自然资源优势就地取材，采用天然原材料和低碳环保的手工制作方法，有助于当地的生态环境保护。同时，非遗工坊持续发挥辐射作用，带动文旅融合、城乡融合，成为助力美丽乡村建设的典型示范。比如，在环境保护方面，涟源方才梅山棕编工艺品有限公司非遗工坊、北川县羌族草竹编非遗工坊、西藏帮锦镁朵藏毯传统编织技艺非遗工坊、新明泥塑非遗工坊等使用棕叶、草木、羊毛、泥土等天然材质，在推动当地绿色发展的同时，也向消费者传递了低碳环保的理念。在推动美丽乡村建设方面，湖南凤楚食品股份有限公司非遗工坊采用"公司＋基地＋合作社＋农户"模式，依托瓦灶村西河风光带，在建设栖凤渡鱼粉传承基地的同时发展乡村旅游，带动周边观光稻田、荷花鱼塘、葡萄园等旅游项目建设，推动乡村环境旧貌换新颜。

（5）非遗工坊为促进民族团结进步持续发力

建设在四川、云南、西藏等民族地区的非遗工坊，带动当地各族群众共同参加技能培训、共同生产劳动，相互交流、相互帮助，群众像石榴籽一样紧紧抱在一起，共同建设民族团结一家亲的和谐家园。部分非遗工坊依托多个民族的项目开展建设，促进了各民族文化包容互鉴，在传承融合中枝繁叶茂。比如，在促进各民族沟通方面，阿克陶县柯尔克孜族刺绣非遗工坊依托柯尔克孜族、塔吉克族服饰和刺绣技艺、地毯织造技艺等，带动当地柯尔克孜族、塔吉克族、汉族等群众共同参与技艺传承创新，共学共事共乐。理县囍悦藏羌绣专业合作社非遗工坊组织当地掌握羌族刺绣和藏族编织、挑花刺绣工艺的妇女参与生产，开发设计生产服饰类、饰品类、家居类等藏织羌绣产品，推动当地羌族、藏族等民族绣娘在就业中增进情感交流。在加强民族文化互学互鉴方面，西藏雪堆白雕版技艺非遗工坊雕刻内容涉及汉族、藏族、纳西族等民族优秀传统文化，带动不同民族手工艺者在共同生产的过程中，认识到我国多民族交往、交流、交融的历史。福贡县群发民族服饰加工专业合作社非遗工坊依托傈僳族服饰、怒族织锦等不同民族的非遗项目培训生产，还举办民族乐器弹唱培训等，促进各民族文化在交流中取长补短。在加快民族地区经济发展方面，青海素隆姑非遗工坊通过开展广泛的技能培训、产业合作、劳务对接、人才交流等活动，辐射带动 4000 余名群众参与刺绣生产，助力当地拓展脱贫攻坚成果。贵州省施秉县舞水云台旅游商品开发有限公司苗绣非遗工坊通过在易地搬迁社区设车间、引入专业设计等方式，吸纳当地包括脱贫人口在内的 1200 余名群众就业，助力其年收入达两万元。

近年来，非遗工坊覆盖面和覆盖范围不断拓宽，帮助乡村地区人民群众鼓了口袋又富了脑袋，体现了非遗助力乡村振兴焕发的生机活力，也展现出新时代乡村振兴的卓越成就。

2. 创建乡村文创产品的特色移动网页

互联网时代，移动设备与人民群众生活紧密相联，不断地变化、刷新人们认识问题的方式。就乡村振兴而言，文创产业的发展应立足于"互联网＋"和"线上线下"模式，针对乡村文创，让所打造的移动网页更具地方特色，并以互联网渠道为依托，加大对乡村文化的传播力度，刺激大众消费，使文创产品进一步吸引消费群体注意力，让人们更加深入地体验乡村文化设计魅力。

在乡村文创产品中构建特色移动网页，先要遵循交互设计相关原则，做好感官设计，确保氛围感的传达足够流畅。产品在进行交互设计时要以用户需求为中心，在移动网页界面总体设置中，应秉持可视性设计原则，因为功能可视性愈强，用户发现并熟悉网页浏览方法的速度就愈快。比如，当一个乡村 APP 被设计和生产出来后，对乡村特色移动网页启动主页、多板块展示内容的集合聚合页面、能分辨每一类资料的列表页、展示内容详细资料的页面、设有反馈机制的发布页等进行设计前，必须确保设计出的各种页面逻辑结构足够明确、页面布局足够有序、操作动态提示足够详实。其次，在整个 APP 界面流程的设计上要充分考虑感官设计，要将非遗文化资源的代表性艺术造型元素、主要色彩、甚至音乐调式等加入进去。例如，衡水武强木版年画的形式取材较为广泛，在人物造型上大都是拙朴的五短身材，头部表现夸张，重点在眼睛的描绘上。线条技法以大刀阔斧的手法见长，在木版上以阳刻为主，兼施阴刻，线条粗犷奔放、挺拔劲健。最后，要对整个过程加以检验，保证用户使用移动页面时，能收获愉悦的心情和良好的体验感。另外，以邢台沙河皮影戏、廊坊相子（纸雕）、邯郸成安烙画、沧州吴桥的线装书工艺为主的民间美术或者民间手工技艺均可参照这种模式。在当今时代，要用科技手段去发挥非遗文化的真正价值。

3. 借助产业融合，打造符合区域发展需求的创意产品

时下，产业发展的大方向是产业融合。让非遗具备"自我造血"功能，将有价值的文化资源化作文化资本，进而保护非物质文化遗产、实现活态传承，这些都是产业融合所要解决的关键问题。以辽宁省为例，辽宁省在最近几年根据当地的需要，实现了本地非遗文化资源与其他领域的深度融合，在推动乡村振兴发展的同时，也创造了很多辽宁非遗 IP。如"百姊乡村振兴满绣中医药香包"是非遗、文化创意、传统中医药、科技等领域产业的合作成果，这在一定程度上使得文化产业创意实践得到进一步突破。该产品的核心是非遗，涵盖中医药体验特点、3D科技等领域，其创造性特征十足，不仅进一步发挥了文化和中医药产业的附加价值，也推动了辽宁文化品牌的整体建设。辽宁地区文化资源相互借力，协同发展，为辽宁非遗文化产业发展、辽宁中医药文化发展、辽宁中医药文化品牌形成提供更高的实践平台。

4. 非遗文创介入乡村美育，助力乡村振兴

目前，非遗文创保持着一种比较多样化的传播形态。非遗作为一种特殊类型的艺术形式，其独特魅力和丰富内涵能够激发村民对美的追求与向往。非遗文创参与乡村美育，是乡村美育获得文化自信的重要契机。非物质文化遗产，是我国各地各族人民源远流长的人类文明史，在长期生活实践应用中不断积累所凝聚的、世代相传的文化灿烂成果，无论对于一个国家、一个民族而言，还是对于一个城市而言，它都是重要的文化根脉，更是促进经济和社会长久发展的瑰宝。客观来说，非遗蕴含的传统技艺十分精妙，其民族思维、文化元素十分珍贵，这在全球化同质化进程不断加快的今天是极为重要的。而文创也是中国文化创意产业的简称，从出现至今一直在文化国际化的大潮中影响着中国许多城市、区域的经济社会与文化发展，并以独特的形态、运行方式与其他产业发生广泛而复杂的联系。非遗项目给文创产品增添了大量文化精神生活素材和创作源泉，而文创产品也为非遗项目创造了史无前例的发挥机会，提供了创业机制和融合现代社会的平台。两者相得益彰，既发掘了非遗的创造价值，并使之转换为文化创新资产，又增强了文创产业的综合竞争力，还赋予非遗新生命力，即非遗文创。

怎样让非遗文创为乡村美育提供帮助呢？在当下这个多元文化交融碰撞的时代里，乡村教育应该将乡土性和创新性融合起来。中国乡村主体中的儿童，不仅是中国农村文明建设的接班人，也是未来中国乡村建设的实践者，更是推动乡村发展能够向前发展的基本动力。他们能够代表乡村本土，成为故乡的一张名片。让乡村儿童在参与家乡非遗技艺、民俗民风、文化节庆活动等的非遗活化运用和设计过程中，通过美育实践活动激活农村文化底蕴，引领乡村儿童发掘与享受故乡的非遗之美，培养人文自信意识，主动继承和活化故乡非遗民俗文化，进一步增强对非遗民俗文化的族群认同性与乡土归属感。

乡村儿童通过美育课程实践对家乡的非遗有所了解，通过绘画、手工制作等

手段，在非遗传承人、教师、志愿者的引导下提取非遗特色文化符号，不仅具备创意还提高了设计识别度。乡村美育课程教学，以提出问题为导向，通过改革路径，开发乡村儿童内生动力创造性，并通过与艺术非遗文创、大学生志愿服务进乡村的共同合作，让非遗文创产品的设计最终落在消费者使用上面。让非遗传统文化的特点与文创产品的功能性对接，无论是符合大众认知共性还是追求创新颠覆的产品，设计都能起到调和的作用，让形式和功能协调，合二为一。非遗文创资源推动乡村美育，为助力乡村振兴、产业振兴、文化振兴、人才振兴和城乡一体化提供了有力的支撑依据与路径。

（三）关于乡村振兴和非遗文创的案例

1. 黑龙江省青冈县非遗文创助力乡村振兴

非遗资源对于青冈县而言是产业优势、致富渠道，也是乡村亮点。郑淑芹是青冈县永丰镇福胜村村民，3 年前开始跟着赵贵荣学习麦秸画技艺，已成为青冈县麦秸画创作骨干，每年收入近万元。郑淑芹说，是麦秸画让她对未来充满了希望，使她的生活有了品质保证。

青冈县文体广电和旅游局非遗股股长郑玉红强调，非遗项目为众多村民提供了很多好处，一批乡村非遗新业态成功实现了拓展，已形成多个乡村特有品牌，也出现了很多乡村就业新群体，为乡村培养出了一批技术型人才。

以此为基础，青冈县凭借浓厚的非遗文化底护，以保护、继承、发扬和利用为先导，千方百计地促进民族文化的创造性转化、创新性发展，力求非遗文化的根脉延续下来，使得产业基础得到了进一步的巩固。

2. 丹寨县"非遗 + 文创"助力乡村振兴

贵州省黔东南苗族侗族自治州丹寨县将苗族蜡染生产技艺融入乡村振兴，并建立了苗族蜡染非遗工坊，通过"非遗 + 文创"的方式展开对旅游文创产品的设计与生产，有力地促进了苗族蜡染技艺保护和传承，使许多精通蜡染技艺的女性都能在家门工作，靠蜡染手艺增加收入。

苗族蜡染是一种传统绘画和染制技艺，用蜂蜡把花纹点绘在织物上，然后放入染料缸中浸染，除去蜡即现出美丽的蓝白色花纹。2006年，苗族蜡染技艺被列入第一批国家级非物质文化遗产名录。

二、数字科技赋能非遗文创

（一）数字科技何以激活非遗艺术

1. 借力技术的同时不能忽视文化内涵

据统计，2022年6月11日为我国第17个"文化和自然遗产日"，各地开展宣传展示活动6200余场，其中，线上活动有2400余场。这表明，我国对非物质文化遗产保护工作取得了明显成效。在文化和旅游部非物质文化遗产司司长王晨阳看来，我们的国家有多种形式巧妙的工艺，一般的展陈手段难以呈现出它深厚的文化内涵。因此，必须借助信息技术，让更多人走进博物馆，通过网络等渠道了解非遗，感受非遗带来的精神震撼，从而实现非遗保护与传承的目的。并对数字化进行开发与运用，为非遗展示与传播提供一条理想之路，势必要开辟一个全新的文化传承空间、开发新型文化体验方式和文化传播业态。

中国艺术研究院院长韩子勇也表示，文化数字化的一个非常突出的特点，就是塑造了文化版图的新边界。数字技术在各种文化类型中都可以发挥巨大的作用，不仅是保护、传承、记载、交流、传播的作用，它在新的知识生成、经验传递上都会起到作用。由于非遗形态多样、综合繁杂，又是活态的，因此对信息技术、数字技术的需求迫切程度更高，数字化、信息化对非遗的传承、创新、发展的帮助也是最大、最突出的。

近年来，非遗保护传承和开发利用等各个领域的数字化发展逐渐成为新潮流、新趋势。通过区块链、第五代通信移动技术（5G）、人工智能（AI）等技术手段，让传统非遗文化技艺与数字科技相结合，赋予了传统文化传承新的时代元素的意义。从 2021 年开始，元宇宙和 NFT 的概念开始流行，NFT 数字藏品开发更是成为当前非遗数字化领域中的一个热点。相关报告显示，2021 年中国数字藏品发行平台多达 38 家，中国各个非遗产品发售数量约 456 万份，总发行价值超过 1.5 亿元。其中，针对国潮非遗等类型在发售当中经常出现秒空的现象，足见年轻人对非遗数字产品的喜爱。

魏立中是国家级非遗十竹斋木水印工艺传承人，近几年经常现身于非遗传播与传承的各大舞台，他创作的"二十四节气系列木版水印"，在数藏平台推出之后，迅速吸引了新的群体。实际上，数藏平台很合理地解决了这一问题，让传承人拥有优秀的作品的同时，也为平台本身提供了充足的技术与运营人员。一个传承人肯定不只有一幅作品，将几十年积累的经典作品进行数字化包装后，原件依然可以放在博物馆里，数字产品则可以定向定量售卖。在魏立中看来，技术的进步，让我们拥有了更多视角，随时随地来欣赏一幅作品，感受传统文化。通过建模，一件作品可以被 360 度欣赏，甚至可以看到它成型的过程，比在博物馆看到的更全面。如果想让年轻人了解某项非遗，无须实地到访，手机里的一张 3D 图，就能让他们对其有一个直观认识。把文化遗产传承下去的第一步就是先要认识它，因此数字藏品是一种很好的形式。

2. 吸引"Z 世代"为非遗"颜值"站台

在伴随着互联网发展而成长起来的"Z 世代"，这些互联网"原住民"遇到非遗，他们会作何反应？这是中央美术学院城市设计与创新研究院副院长易介中一直较为关注的现象。他认为，通过在年轻人中比较时髦的字眼，比如"扩列""破圈""出圈""融圈"等，可以在"Z"时代与非遗之间建立某种联系。

如何以古老的技术来表现今天的美好生活是魏立中一直以来努力的方向。"木版水印其实是一种印刷术，这项技艺保留到今天，如果用它来印书，就不怎么合适了。但我们可以用这种技艺来创作符合当代年轻人审美的作品，例如西湖著名的景色断桥残雪、举世闻名的钱塘江潮。"魏立中说，保护遗产的目的就是，告诉下一辈，前人是怎么走过来的，也给他们一些参考——未来可以怎么走。

传播非遗时尚，使它受到更加广泛的关注，其目的是使人积极维护非遗，学习非遗的相关知识。过去的时尚传播，讲究用艺术化包装非遗，但笔者认为要向创意化的思维方向发展，应采取更加生动、活泼的方式与年轻人交谈，并展现非遗疗愈型产业的特点。非遗传播必须持续吸引新一代的关注，需要"讨好"新一代。他们会为美好而战，去关注兢兢业业的匠心、匠人，为非遗的"颜值"站台。

如何发掘非遗的长久价值？中国文化创意产业研究会秘书长意娜以"活色生香"一词回答了这个问题，"活"指的是活态。我们需要保护的并不是非遗表现形式，而应该是非遗背后的人们和体系。"色"就属于非遗的表现形式。比如各个地区、各个民族围绕新年等传统节日都形成了丰富多彩的文化表现形式，文化表现形式是非遗实现创造性转化、创新性发展的一个根本，这是我们取之不尽、用之不竭的非遗宝库。"生"指生命力，即非遗的存续力。现在，我们拥有新技术，也拥有中国非遗馆等专业机构，可将以往不易继承的非遗项目以音频形式、档案形式加以集中展示，甚至可采用沉浸式虚拟现实手法，复刻非遗场景。"香"指的是非遗之流传。数字化技术的发展使传统艺术与现代技术相结合，在一定程度上改变了人们对文化遗产的看法和态度。此外，在传播手段和结构上，数字化时代都在不断更新着。在数字平台兴起的今天，文化产业链创意、制作以及发布，每个节点都将担负更大的职责，文化生产已经不是一条直线，更像是一张无形的网。

怎样以遵循非遗传承发展规律为前提，以大众传播规律为依托，把非遗中的深刻价值与丰富内涵，借助数字技术展示出来，并推出更高水准的非遗数字内容，不断提升非物质文化遗产的吸引力和感染力，让中华文化瑰宝焕发更强大的生命活力？这需要相关研究人员和从业者进行科学探索，给出合理妥善的答案。

（二）"非遗＋数字化"：助力国潮更"潮"，赋能文化传承

1. 科技搭台，推动数字文化遗产可持续发展

2022 年 12 月，全球首个基于区块链的数字文化遗产开放共享平台"数字敦煌·开放素材库"上线问世。这套来自莫高窟等石窟遗址及敦煌藏经洞文献的6500 余份高清数字资源档案通过素材库正式向全球开放，打造"一站式"的敦煌文化共享平台，实现文化资源的安全、高效流动。

《"十四五"文化发展规划》提出：要坚守中华文化立场，坚持创造性转化、创新性发展，要推动科技赋能文化产业，把先进科技作为文化产业发展的战略支撑，引导和鼓励文化企业运用大数据、5G、云计算、AI、区块链、超高清等新技术，改造提升产业链，促进内容生产和传播手段现代化，重塑文化发展模式。

"数字敦煌，开放式素材库"是在国家的引导下完成的，以敦煌学的研究成果、石窟数字化的大量资源为依据，在先进技术的推动下，素材库在文化资源共享方面完成了创新，并实现了数字化升级。此外，区块链在文博领域中也有创新性的应用，如用底层技术支撑数字资源的保护工作。

素材库里的每一张图，都有数千年的历史文化灵韵。这些素材将全部上传到区块链，每次授权、支付、下载都及时存证，有迹可循；素材库还是服务创作者的共创平台，具有创作能力的个人和企业可以下载素材进行"二创"，作品再次上传入库后，经过智能内容安全审核及专业审定后，分享给更多人欣赏与使用，形成创作者生态的正向循环。

2. 非遗数字化，构建文化传承新模式

在数字化时代，运用数字化技术对非遗国潮进行保护与传播是有目共睹的未来发展潮流。

尽管"非遗"因为生活方式的变化而失去了一部分传承的空间，或已渐渐消亡、缺乏生命力，在执行层面上仍有许多难题，但在以数码技术为前提、媒介融合为潮流的媒体背景下，"非遗"的数字化储存和传播可以实现"N 次方"。

（1）短视频、直播

线上创新模式不断涌现，正在改变非遗传承发展的生态。上海交通大学——南加州大学文化创意产业学院副院长薛可提供了一组数据：在抖音平台的非遗题材内容创作者中，80 后占 35%，90 后占 26%。在快手上，中国国家级非遗项目覆盖率超过 96%，其中琵琶、面人、昆曲等深受 90 后、00 后喜爱。

网络直播也开始成为传统文化的展播互动平台。2022 年 8 月，抖音直播启动"DOU 有国乐"计划，面向民乐爱好者、专业民乐人、民乐机构、民乐非遗传承人，进行"直播 + 文化"的新玩法。直播间内可互动可打赏，既增加了非遗文化与大众的接触面，也让传承人增加了收入，生活得到改善。这种网上非遗展播依托现代数字技术，形式灵活，受众面广，直接高效，是非遗走近大众的便捷途径。但也要看到由于网络资源的来源纷杂，内容上存在着良莠不齐、鱼目混珠的情况，如何利用好这个平台，进一步提升内容价值，做好质量品控，是一个不小的挑战。

（2）数字藏品实物定制

线上消费和传播带来增量的发展，以电子商务、私域渠道和平台为主体的交易市场初步形成。

自 2021 年以来，数字藏品的发展一直是非遗数字化领域重点关注的领域。根据相关报告，2021 年，中国数字藏品发行平台数量共计 38 个；在中国，单个非遗产品发售数量平均约 456 万份，发行总额更是突破 1.5 亿元人民币。其中，在国潮非遗相关类型的发售过程中，秒空现象层出不穷，这反映出非艺术字产品广受年轻人的欢迎与喜爱。国内数字收藏领域"头部"平台"鲸探"于 2022 年

4 月专门上新了三款主打城市文化元素的数字艺术收藏品，这 3 款藏品总量共计 6 万份，竟然在一分钟之内销售一空。相比过去，这些收藏品具备实物赋能，收藏家在抢到了一件藏品之后，可通过一键付费，按照自己的想法对 AI 设计进行定制，并可提出制作需求，还能通过这种方式生产与藏品有关的丝巾实物。用户通过这种尝试模式，可以获得数字商品的使用权，数字藏品也因此获得更广阔的应用空间。以往的数字藏品多出现在数字世界，如红包、付款码等数字产品的皮肤或社交平台的头像，而现在，用户可以运用数字技术进行实体消费。

　　除上述内容外，我们不仅要针对多种门类的非物质文化遗产进行开发与推广，还要仔细甄别不同类型、不同内涵的数字化表现手段。就传统表演艺术类非物质文化遗产来说，要从视听体验方面入手，如将数字化技术运用在曲艺、方言的展示上；就传统工艺技艺类非物质文化遗产而言，要重视交互体验，如通过多媒体对其手艺进行虚拟化呈现，或采取实物制作的方式创造特殊体验；就传统节庆仪式类非物质文化遗产而言，通过数字化技术进行设计，可以提升情景模拟的整体效果，如通过多媒体数字化手段呈现民间元宵社火、节庆庙会的繁华景象，营造场景、烘托氛围是这个过程中的重点与难点。

　　在一个经济文化加速全球一体化的时代，保护自己的文化遗产是维护世界文化多样性生存的必然之路，也是加强民族自我认同、强化文化自信的重要途径。数字科技技术不断更新，这对于非遗发展来说既是机遇也是挑战。在这种背景下，我们要始终保持保护非遗、传承非遗文化的初心。

[1] 丁虹 . 非物质文化遗产数字化研究 [M]. 昆明：云南美术出版社，2021.

[2] 朱春红 . 京津冀织绣类非物质文化遗产 [M]. 北京：中国纺织出版社，2019.

[3] 麻国庆，朱伟 . 文化人类学与非物质文化遗产 [M]. 北京：生活·读书·新知三联书店，2018.

[4] 冯文喜 . 品味传承福鼎非物质文化遗产 [M]. 福州：海峡文艺出版社，2018.

[5] 陈丽琴 . 多学科视野下的京族非物质文化遗产研究 [M]. 北京：民族出版社，2020.

[6] 马维彬 . 河北省非物质文化遗产志 [M]. 石家庄：河北美术出版社，2018.

[7] 郑土有 . 非物质文化遗产保护沉思录 [M]. 上海：上海远东出版社，2021.

[8] 张卫民 . 依托村寨保护少数民族非物质文化遗产研究 [M]. 长沙：湖南师范大学出版社，2019.

[9] 李江敏，苏洪涛 . 中国旅游与非物质文化遗产 [M]. 武汉：武汉大学出版社，2017.

[10] 陈中文，胡可益，李茂林 . 黄冈非物质文化遗产大观 [M]. 武汉：武汉大学出版社，2020.

[11] 黄永林 . 非物质文化遗产产业利用意义和发展模式研究 [J]. 中国文艺评论，2022（08）：13-26.

[12] 萧放，席辉 . 非物质文化遗产文化空间的基本特征与保护原则 [J]. 文化遗产，2022（01）：9-16.

[13] 韩美群，周小芹 . 近二十年来非物质文化遗产数字化传承研究回顾与展望 [J]. 中南民族大学学报（人文社会科学版），2022，42（01）：65-74，184.

[14] 解梦伟，侯小锋 . 非物质文化遗产数字化传播的反思 [J]. 民族艺术研究，2021，34（06）：139-145.

[15] 常媛媛，赵馨，刘耀龙．黄河流域体育非物质文化遗产空间集聚特征与影响因素分析 [J]. 北京体育大学学报，2021，44（11）：137-150.

[16] 谈国新，何琪敏．中国非物质文化遗产数字化传播的研究现状、现实困境及发展路径 [J]. 理论月刊，2021（09）：87-94.

[17] 黄永林，刘文颖．非物质文化遗产文化空间的特性 [J]. 华中师范大学学报（人文社会科学版），2021，60（04）：84-92.

[18] 田磊，张宗斌，孙凤芝．乡村非物质文化遗产与旅游业融合研究 [J]. 山东社会科学，2021（05）：123-128.

[19] 王瑞光．乡村文化振兴与非物质文化遗产的价值呈现 [J]. 济南大学学报（社会科学），2021，31（02）：37-43，158.

[20] 李江敏，王青，朱镇．非物质文化遗产活态传承：体验价值体系、测量与检验 [J]. 旅游学刊，2020，35（11）：78-89.

[21] 阿斯娜．非物质文化遗产视角下蒙古族银匠业现状研究 [D]. 呼和浩特：内蒙古大学，2022.

[22] 缐莹．非物质文化遗产的短视频传播研究 [D]. 大连：辽宁师范大学，2021.

[23] 杨蕴希．非物质文化遗产地方课程开发研究 [D]. 长沙：湖南师范大学，2020.

[24] 朱晓波．河南省非物质文化遗产活化与传播策略研究 [D]. 郑州：河南大学，2019.

[25] 滕春娥．社会记忆视角下非物质文化遗产建档保护研究 [D]. 长春：吉林大学，2019.

[26] 朱晓华．文化资本视域下非物质文化遗产的文化创意产品开发模式研究 [D]. 南京：南京师范大学，2019.

[27] 杨慧子 . 非物质文化遗产与文化创意产品设计 [D]. 北京：中国艺术研究院，
    2017.

[28] 宋茜 . 文化创意产业视角下的非物质文化遗产开发策略研究 [D]. 杭州：浙江
    传媒学院，2017.

[29] 陈少峰 . 非物质文化遗产的动漫化传承与传播研究 [D]. 济南：山东大学，
    2014.